afgeschreven

MALIESINGEL 2

Simon Vuyk

Maliesingel 2

VUYK en CO bv
uitgeverij

© 2008 voor deze uitgave: Simon Vuyk, Uitgeverij Vuyk en CO

Omslagontwerp: Willem Dijkstra, Groningen
Typografie: ImageSoft, Krimpen aan den IJssel
Drukwerk: Drukkerij Haasbeek, Alphen aan den Rijn

uitgeverijvuykenco@planet.nl

ISBN 978 90 79362 01 1
NUR 314

Inhoudsopgave

Hoofdstuk 1: De man 7

Hoofdstuk 2: 'Mama, wat doe je nou?' 13

Hoofdstuk 3: Pauw & Witteman 23

Hoofdstuk 4: Heart of stone 31

Hoofdstuk 5: Een huurmoord voor vijfhonderd euro 35

Hoofdstuk 6: The Sopranos in Utrecht 41

Hoofdstuk 7: De bokshandschoen van Muhammad Ali 45

Hoofdstuk 8: De Palestijnse verhanging 47

Hoofdstuk 9: Een rood kort rokje 51

Hoofdstuk 10: Moslimterreur 59

Hoofdstuk 11: Heroes 63

Hoofdstuk 12: Cor 69

Hoofdstuk 13: RTL BOULEVARD 73

Hoofdstuk 14: Smokkel in het Pieter Baan Centrum 77

Hoofdstuk 15: Een lijk in een bos 83

Hoofdstuk 16: Geert Wilders 87

Hoofdstuk 17: Seks en de dood 89

Hoofdstuk 18: De aangiften en de dreigmails 95

Hoofdstuk 19: De verkrachting van Annie (60) 101

Hoofdstuk 20: Jezus 107

Hoofdstuk 21: De moord in het Vroesenpark 111

Hoofdstuk 22: Het laatste hoofdstuk 119

Hoofdstuk 1: De man

'Ik sta op het Centraal Station en het is mooi weer,' zegt de man, 'dus ik kom het liefste lopend. Is dat een probleem?'

Mr. W.J. Ausma zit ontspannen achter z'n bureau. Hij leunt achterover en houdt de telefoon tussen zijn linkeroor en schouder geklemd. 'Ik heb de tijd,' antwoordt hij, 'maak er een mooie wandeling van. Het is makkelijk te vinden. Gewoon dwars door het centrum, over de Oudegracht, via het Janskerkhof, naar het Lucasbolwerk. Het kantoor staat op de hoek met de Nachtegaalstraat. Het is een wit, statig gebouw. *Maliesingel 2*. Niet te missen.' De advocaat wrijft door z'n blonde haren en glimlacht tevreden. Hij is ervan overtuigd dat hij met z'n kantoor de juiste 'moves' aan het maken is. Regeren is vooruit zien. De man is daar mogelijk een onderdeel van. Een meesterzet, hoopt Ausma. 'Ik zie je straks wel verschijnen,' zegt hij.

Een half uurtje later staat de man op het bordes van *Maliesingel 2* en belt aan. Ausma heeft hem zien aankomen en opent hoogstpersoonlijk de voordeur. 'Welkom!' Eerst praten ze uitvoerig bij. Ze zitten tegenover elkaar aan het bureau dat vol ligt met papieren en ordners. De werkkamer van Ausma - aan de voorzijde van het gebouw, op de eerste verdieping - is imposant en zonovergoten. In de hoek staat een beeld van een zittende Vrouwe Justitia.

De man: 'Alleen de wanden zijn een beetje kaal.'
Ausma: 'Daar komt binnenkort verandering in. Ik zoek nog naar de juiste tekst.'
De man: 'Tekst?'
Ausma: 'Ja, ik wil hier geen foto of schilderij aan de muur, maar een spreuk, een zegswijze, een spreekwoord, zoiets. Een wijsheid die mij tijdens m'n werk inspireert.'

Het is hier anders dan anders, denkt de man, achter *Maliesingel 2* zit een visie. De man kent Ausma en zijn compagnon De Jong sinds een jaar of vijf. Beter dan langer dan vandaag, bedachten ze lachend tijdens hun eerste ontmoeting. Maar ze hebben elkaar een behoorlijke tijd niet gezien en de man is vandaag voor het eerst in hun nieuwe kantoor. Het is de kroon op het werk van de twee strafpleiters, weet hij.

Ausma vraagt de man of hij het leuk vindt om een rondje door het monumentale pand te lopen. De advocaat is trots. De man begrijpt het. Even later lopen ze de gang op de eerste etage in. Daar bevinden zich de eveneens indrukwekkende kamers van De Jong en het derde lid van de maatschap - 'de stille kracht' - Robert Maanicus.

Vervolgens gaan ze de trap op. De zolderetage bestaat vrijwel geheel uit een kantoortuin waar een groot aantal medewerkers in stilte zit te werken. 'Stuk voor stuk grote talenten,' fluistert Ausma. 'Maar er kan er maar eentje de beste zijn,' grinnikt een medewerker vanachter zijn bureau. Hij is rond de veertig en draagt een stijlvol zwart pak met een opvallend blauwe das. De man herkent hem direkt: 'Rob! Jij hier?!'
Rob Zilver is één van de nieuwkomers bij *Maliesingel 2*. Hij is gespecialiseerd in cassaties, belastingzaken en ontnemingen. Een knappe kop, ook uiterlijk. Hij heeft de kneepjes van het vak geleerd bij 'ouwe rot' Jan Boone uit Wijk bij Duurstede. Ausma kwam Zilver tegen tijdens de zogenaamde 4M-zaak. Daarin eiste hij een hoofdrol voor zichzelf op door bij de Hoge Raad een hernieuwd onderzoek af te dwingen omdat het openbaar ministerie een informant had opgevoerd die zelf strafbare feiten bleek te hebben gepleegd. De succesvolle cassatiemiddelen van Rob Zilver kregen een extra gouden randje toen *Maliesingel 2* hem enige tijd later een aanbod deed dat hij niet kon weigeren. De man schreef indertijd een uitgebreid artikel over het geblunder van justitie in de 4M-zaak en had toen intensief contact met de advocaat. Maar daarna zagen ze elkaar niet meer. Tot vandaag.

De man: 'Het lijkt wel een reünie.'
Zilver: 'Zullen we straks iets drinken in het souterrain? Ik moet eerst een complex cassatieverzoekje afmaken.'
Ausma: 'Prima idee!'
De man: 'Ben je nog steeds aan de rode port? Met oude kaas?'
Zilver: 'Met veel sambal!'

Ausma gaat de man voor naar beneden. Op de begane grond zijn de werkplekken van het secretariaat en een aantal andere, ondersteunende personeelsleden. Moderne glazen panelen scheiden de verschillende ruimtes. Achterin het kantoor zit in een zijmuur een kolossale kluisdeur. De man kijkt er vragend naar. 'De kluiskamer,' legt Ausma uit, 'daar ontvangen we onze klanten en vergaderen we soms met z'n allen. Je kunt er ook heel prettig in je eentje werken. In alle rust, zonder afgeleid te worden door welk geluid dan ook.' Hij gebaart de man naar binnen te komen en sluit de deur. Geruisloos, hermetisch. Het is er inderdaad volmaakt stil. Doodstil. Van kantoorrumoer en straatherrie is geen sprake meer. Er staat een grote ovalen tafel midden in de kluiskamer, met de nodige stoelen er omheen. 'Hier kan alles veilig en volkomen vertrouwelijk besproken worden,' legt Ausma uit, 'hier heeft niemand last van ons en wij niet van een ander.' Hij kijkt de man veelbetekenend aan. De man begrijpt de toespeling. Hij heeft aan een half woord genoeg. Dan 'draait' de advocaat de kluisdeur weer open. De pratende, telefonerende, kuchende en typende medewerkers vallen ineens op. Voor ze naar binnen gingen, waren deze alledaagse geluiden niet tot de man doorgedrongen.

Tenslotte loopt het tweetal naar beneden, naar het souterrain, waar de lunch- en borrelruimte is. 'Collegialiteit en vriendschap staan erg hoog in het vaandel van *Maliesingel 2*,' glundert Ausma zoals eigenlijk alleen Ausma glunderen kan, denkt de man. 'Kom,' zegt Ausma, 'straks drinken we wat, maar eerst praten we op mijn kamer nog even verder. Maanicus is er niet, maar misschien is De Jong er inmiddels. Hem heb je ook al lang niet gezien, toch?' 'Inderdaad,' beaamt de man, 'da's ook lang geleden.'

Willem Jan Ausma en Onno de Jong zijn onafscheidelijk en

noemen elkaar vaak 'soulmates'. Als er één op vakantie is, missen ze elkaar. Er gaat geen dag voorbij of ze hebben contact. Allebei zijn ze gek op dure auto's, Italiaanse kostuums, lekker eten, mooie vrouwen, zichzelf en elkaar. Ze hebben hetzelfde postuur. Alleen hun gezichten verschillen sterk. Hun ogen, neuzen en monden zijn onvergelijkbaar. Maar het grootste onderscheid vormen hun kapsels. De bijnaam van De Jong luidt *De Kale*; Ausma wordt *De Blonde* genoemd. *Maliesingel 2* is hun kind. Hun jongensdroom die uitkwam.

De Jong zit op zijn kamer, druk bellend. Hij zwaait verrast en enthousiast naar de man, als deze met Ausma in zijn deuropening opduikt. De advocaat legt heel even zijn hand op de hoorn. 'Tot over m'n oren, het spijt me, nu niet, maar de volgende keer graag,' verontschuldigt hij zich.

Bijna twee uur lang bespreken Ausma en de man een idee van de advocaat. Hij heeft hem niet alleen voor een rondleiding uitgenodigd. De man luistert scherp. Het plan is een uitdaging. Het voorstel is verleidelijk. De man is er de man niet naar om direkt 'ja' te zeggen, hij heeft altijd vragen. De advocaat beantwoordt ze geduldig, één voor één. Dan weet de man genoeg en is het zover. 'Doe je het?' vraagt Ausma. 'Ik zie er wel wat in,' zegt de man, 'maar dan wil ik zelf kunnen bepalen wat ik schrijf. En wat ik niet schrijf. In alle vrijheid.' Ausma knikt. Dat is geen probleem. Hij weet dat de man te vertrouwen is. De man vervolgt: 'Ik wil niet alleen over jullie en de gang van zaken op kantoor maar ook over strafzaken kunnen schrijven. Over afgeronde en lopende recherche-onderzoeken. En daar heb ik informatie voor nodig. Ik moet over documenten van de politie kunnen beschikken, ook al is het gevoelige materie. Over vertrouwelijke processen-verbaal, technische rapportages, getuigeverklaringen, dat werk, het liefst de originele pv's, je weet wat ik bedoel.' Ausma knippert niet met zijn ogen. Hij hoeft niet lang na te denken. Het probleem is bekend. De gedragsregels voor het verstrekken van informatie uit politiedossiers aan derden zijn sinds kort streng. De Nederlandse Orde van Advocaten heeft haar richtlijnen aanzienlijk aangescherpt. Stukken laten inzien mag onder bepaalde condities nog wel, weet hij maar al te goed, maar advocaten mogen geen copieën van processen-verbaal meer verstrekken aan journalisten. 'We weten allebei dat dit tegenwoordig moeilijker ligt dan vroeger,' antwoordt hij kalm, 'ik zit niet te wachten op een klacht van de deken.' De man begrijpt de terughoudendheid van de advocaat. 'Laten we van zaak tot zaak bekijken wat er mogelijk is,' stelt Ausma voor. De man ziet hoe de advocaat nadrukkelijk naar hem knipoogt. 'Oké, zegt hij en schudt Ausma de hand, 'dan hebben we wat mij betreft een deal.'

In het souterrain wordt de afspraak met wijn beklonken. En port. Want Zilver is ook van de partij. Uiteindelijk schuift zelfs De Jong nog even aan. Het is gezelligheid troef. Later dan de bedoeling was, verlaat de man het kantoor en verdwijnt richting centrum. Ausma, De Jong en Zilver zwaaien hem uit. De man gaat een boek schrijven. Over *Maliesingel 2*.

Hoofdstuk 2: 'Mama, wat doe je nou?'

In Nederland is weer een kind vermoord. Het land is in shock. In de media, op het werk, op de scholen, in de huiskamers en op straat wordt over vrijwel niets anders gesproken. Ook aan de lunchtafel van *Maliesingel 2* is de gruwelijke gebeurtenis het gesprek van de dag. Het is een drukte van belang in het souterrain van het kantoor, waar in totaal dertien advocaten werken - acht mannen, vijf vrouwen - en enkele ondersteunende medewerkers. Bijna iedereen is er. Alleen Ausma ontbreekt, hij heeft vandaag een belangrijke zitting. Het dramatische misdrijf wordt uitgebreid beschreven in de kranten die tussen de borden, glazen en schalen op tafel liggen.

'Het kindje is door één van z'n ouders om het leven gebracht,' zegt één van de secretaresses, 'een familiedrama, het is weer zo ver.' Een juridisch medewerker, die tegenover haar zit, schudt mismoedig zijn hoofd. Hij is pas afgestudeerd en krijgt na een succesvolle stageperiode een kans zich te bewijzen bij het ambitieuze advocatenkantoor. Hij verzucht: 'De hulpverlening zal wel weer hebben zitten pitten. Mogelijk heeft een arts duidelijk zichtbare aanwijzingen genegeerd - zoals blauwe plekken of kneuzingen - en niet ingegrepen. Of een school heeft de wanhopige signalen van de ouders of van het kind zelf over het hoofd gezien. Falende instanties, het is altijd hetzelfde verhaal, daar kun je de klok op gelijk zetten.' De secretaresse: 'Je wordt er doodziek van.' De jonge jurist: 'Er zijn altijd voortekenen. Een dergelijke moord komt nooit als donderslag bij heldere hemel.' De andere collega's knikken instemmend. Ze zijn het er allemaal mee eens. Allemaal. Op eentje na.

Mr. O.E. de Jong is één van de twee 'bazen' van *Maliesingel 2*. Hij heeft met grote belangstelling geluisterd naar de opmerkingen van de secretaresse en zijn jonge medewerker. De advocaat heeft zich nog niet met het gesprek bemoeid, maar kan zich niet langer inhouden. 'Onzin,' zegt hij gedreven, 'soms is dat onzin. Het kan ook heel anders in elkaar zitten. Soms is er helemaal geen sprake van 'een donderslag bij heldere hemel'. Dan heeft geen enkele instantie zitten slapen of de andere kant uitgekeken. Soms komt zo'n tragedie voor iedereen totaal uit de lucht vallen. Soms is een kindermoord niet te voorzien. Daar moet je óók rekening mee houden.' De advocaat kan het weten. Hij heeft in het verleden een moeder bijgestaan, die haar zoon eigenhandig om het leven had gebracht. Een onvergetelijke vrouw. Een onvergetelijke strafzaak.

Rachael was 35 jaar oud en leefde gescheiden van haar partner. Hun 15-jarige zoon Frans woonde bij haar. Hij zat op de HAVO en deed het goed op school. De jongen had heel veel vrienden en vriendinnen en een bijbaantje bij Albert Heijn. Bovendien voetbalde hij in de jeugdselectie van een voetbalclub uit de eredivisie. Frans had een mooie toekomst voor zich. Rachael had een baan in de verzorging. Ze werkte hard, maar probeerde tussendoor zo veel mogelijk tijd vrij te maken voor haar zoon. 'Wat hebben jullie het toch gezellig samen,' zeiden z'n vrienden vaak tegen hem. 'We hebben het inderdaad goed,' zei Frans dan.

Maar op een dag ontving de plaatselijke politie een alarmerend telefoontje. Ze gingen naar de woning van Rachael en troffen Frans daar levenloos aan. Rachael lag op de grond - voor de bank - in een foetushouding. Ze zweeg. Ze zei niets, helemaal niets. De 35-jarige vrouw werd gearresteerd op verdenking van moord op haar bloedeigen zoon en bekende onmiddellijk. Diezelfde dag nog werd *Maliesingel 2* gebeld met het verzoek om de radeloze vrouw bij te staan.

In het politiebureau zag De Jong Rachael voor het eerst. Het was een paar uur na haar aanhouding; alles was nog vers. De verdachte kon nog steeds niets uitbrengen. Ze kon alleen maar huilen. De advocaat besefte dat hij veel zou moeten investeren in het opbouwen van een vertrouwensband met zijn nieuwe cliënte.

Zijn contact met de totaal ontredderde vrouw zou erg intensief en persoonlijk moeten worden. Zo 'close' mogelijk. Dat was absoluut noodzakelijk om tot een goed resultaat te komen, wist De Jong. Aanvankelijk bezocht hij haar daarom twee keer per dag in het Huis van Bewaring. Wekenlang.

Het begin van ieder strafproces wordt gedomineerd door formaliteiten. Soms zijn het cruciale gebeurtenissen; soms zijn het niet meer dan futiliteiten. De zitting bij de raadkamer - waarbij wordt beslist over de verlenging van de voorlopige hechtenis - stelde in de zaak van Rachael weinig voor. Haar gevangenhouding was een bitter maar onontkoombaar feit. Er lag een volledige bekentenis. Van een mogelijke invrijheidstelling was geen sprake.

De psychische toestand van de moeder - ze at niet, ze dronk niet, ze sliep niet - werd door een psychiater als 'extreem' beoordeeld. Daarom werd Rachael overgeplaatst naar de FOBA (Forensische Observatie- en Begeleidingsafdeling) in Amsterdam. Deze psychiatrische unit bestaat uit een tiental cellen op de bovenste verdieping van misschien wel de beroemdste penitentiaire inrichting van Nederland: de Bijlmerbajes. De afdeling is 'spooky' en volledig geïsoleerd van de rest van de inrichting. De cellen zijn kaal. Een betonnen bed, een roestvrijstalen wc-pot en een raam waar je niet doorheen kunt kijken. Meer is het niet. Het is een bizarre, onwerkelijke verblijfplaats. Alsof je in een horrorfilm bent beland. Maar voor Rachael was het de krankzinnige realiteit.

Ze lag op de grond in haar celletje. Meer dood dan levend. Ze kon niet meer in bedden liggen. Ze kon niet meer met haar hoofd op een kussen liggen. Dat had alles te maken met de toedracht van de moord op haar zoon. Bedden en kussens brachten té heftige emoties bij haar teweeg. Zij was dan niet meer hanteerbaar.

Niemand wist dat Rachael al jarenlang kampte met een onverwerkt incestverleden. Het was haar stille, grote geheim. Het was een donkere wolk die boven haar leven hing en maar niet wilde verdwijnen. Het nam op een gegeven moment zulke grote vormen aan dat zij last kreeg van wanen. Steeds vaker, steeds intenser. Ze werd uiteindelijk voortdurend gepijnigd door gedachten aan ongeneeslijke ziekten die haar zouden overkomen. Zij raakte van haar noodlot overtuigd. Ze had niet lang meer te leven. Ze wist het tenslotte honderd procent zeker. Ze ging dood.

De laatste, grote vraag was natuurlijk wat er na haar dood met Frans zou gebeuren. Wie moest er - als zij er niet meer was - voor hem zorgen? Hij was nog maar 15 jaar en kon toch niet alleen achterblijven? Hij had - buiten haar - niemand. Dacht ze. Hij zou het niet redden. Beeldde ze zich in. Het zou helemaal misgaan met haar zo geliefde kind. Concludeerde ze. De enige uitweg die zij zag, was om eerst Frans en daarna zichzelf te doden.

Ze besloot de jongen een grote hoeveelheid Claritine-pillen te geven in de verwachting dat hij daaraan zou overlijden. Ze had tientallen tabletten in huis gehaald en op een avond sloeg ze heimelijk toe. Frans had geen idee dat zijn moeder dodelijke medicamenten aan het avondeten had toegevoegd. Hij proefde niets vreemds; hij had geen enkele argwaan. Rachael handelde in trance. Ze had geen idee hoe ze - na haar zoon - zichzelf het leven zou benemen. Dat was van later zorg. Er was een ander, veel accuter probleem. De tabletten hadden geen enkele zichtbare uitwerking.

Frans ging 's avonds gewoon slapen, net als anders. Rachael begreep er niets van. Ze sloop stilletjes naar de slaapkamer van haar zoon, knielde bij zijn bed en luisterde naar zijn ademhaling. Zij hoorde wel rare geluiden uit zijn mond komen, maar daar bleef het bij. 's Nachts sloeg de paniek toe. En de twijfel. Ze draaide helemaal door.

De volgende ochtend bleek dat de pillen hun verwachte, dodelijke werk inderdaad niet hadden gedaan. Frans stond gewoon op. Hij voelde zich een beetje ziek, dat wel. Hij was niet fit genoeg om naar school te gaan, dat ook. Maar hij leefde. Rachael zag dat hij na een tijdje weer naar zijn slaapkamer ging. Hij probeer-

stoppen. Hij vond het met name onacceptabel dat de rechters de TBS-maatregel baseerden op de aanname dat er een kans was dat Rachael in de toekomst nog eens een kind zou doden. Rachael? Nog eens een kind doden? Na Frans? Waren ze helemaal gek geworden! Zijn cliënte wilde dood. Liever gisteren dan vandaag. Ze wilde herenigd worden met het enige kind dat ze ooit gehad had en ooit zou krijgen. De advocaat wilde in hoger beroep, maar Rachael had er geen energie meer voor.

De Jong stond met zijn rug tegen de muur, maar legde zich niet bij de situatie neer. Hij deed zijn bijnaam eer aan en vocht door. De onmenselijke opstelling van justitie, gesteund door de recht-bank, maakte hem alleen maar feller en sterker. Hij gaf de hoop niet op en bleef Rachael trouw bezoeken. Tijdens ieder gesprek zei de vrouw dat ze - zodra ze de kans zou krijgen om zichzelf het leven te benemen - deze aan zou grijpen. De advocaat deed op zijn beurt tijdens elke ontmoeting z'n best om haar hiervan te weerhouden. Doe het niet! Alsjeblieft. Doe het niet! Keer op keer. Doe het niet! Ze werd er - bij wijze van spreken - gek van. En dat was nou juist wat hij beoogde.

Hun vertrouwensband was steeds hechter geworden en wierp nu zijn vruchten af. Het duo sloot op een dag een bijzondere deal. De Jong mocht in hoger beroep gaan. Rachael beloofde zelfs om mee te werken aan een contra-expertise door een psycho-loog. De advocaat wilde ándere wetenschappelijke inzichten in haar psyche - naast de omstreden conclusies van het Pieter Baan Centrum - aan het gerechtshof kunnen presenteren. Maar daar stond wel iets tegenover. Rachael had een voorwaarde. De Jong moest ophouden met zijn gezeur dat zij geen zelfmoord mocht plegen. En dat beloofde hij. *De Kale* had zijn zin.

De nieuw ingeschakelde psycholoog onderzocht Rachael gron-dig. Waar het PBC vaststelde dat zij 'enigszins' verminderd toere-keningsvatbaar was, kwam hij tot een andere conclusie. Volgens de ervaren wetenschapper was de vrouw 'sterk' verminderd toe-rekeningsvatbaar en dat is iets heel anders. Zij had - toen ze de moord pleegde - geen enkel zicht op de gevolgen van haar daad voor de gevoelswereld van andere mensen. Oftewel, zij kon zich niet voorstellen wat zij haar zoon en de familie aandeed. Verder had zij ook totaal geen zicht op haar eigen innerlijke gesteldheid en belevingswereld. De psycholoog stelde tenslotte ook nog vast dat Rachael - ondanks het drama - een hele sterke band met haar familie had en dat zij bereid waren om haar te steunen. Zij had dus een toekomstperspectief en dat maakte een lange gevangenisstraf zinloos, aldus de psycholoog. Zijn advies was om haar juist een korte vrijheidstraf op te leggen - bijvoorbeeld zo lang als het voorarrest - en daarna een TBS met dwangverpleging voor de duur van maximaal twee jaar. De Jong omarmde het rapport slechts ten dele.

TBS kan niet voor maximaal twee jaar worden opgelegd. De maatregel kan steeds weer verlengd worden als de deskundigen dat nodig achten. Het is de TBS-rechter die iedere twee jaar opnieuw beslist of de gedwongen behandeling moet worden voortgezet. Of niet. Je kunt de duur van TBS met dwangverpleging van te voren niet beperken. De behandeling kan zelfs in theorie een levenslange opsluiting opleveren. Maar er is een alternatief: TBS met voorwaarden. Dat is een behandeling die niet in een gesloten kliniek maar in vrijheid plaatsvindt en wel een maximum heeft: drie jaar. Er vindt dan geen gedwongen verpleging plaats, maar er wordt wel een bindend behandelplan gemaakt waaraan de betrokkene zich dus niet mag onttrekken. Doet de veroordeelde dat wel dan kan de TBS met voorwaarden alsnog worden omgezet in een TBS met dwangverpleging.

Eindelijk begon het hoger beroep. *De Kale* maakte op geheel eigen wijze gehakt van de PBC-rapportage, de visie van het openbaar ministerie en het vonnis van de rechtbank. Hij bepleitte bij het gerechtshof een hele korte gevangenisstraf - maximaal het voorarrest - en TBS met voorwaarden. Twee weken later volgde het arrest en dat was verrassend. De uitspraak in eerste aanleg werd vernietigd. De raadsheren kozen een middenweg. Zij legden zes jaar gevangenisstraf op, twee jaar minder dan de rechtbank. De TBS lieten ze helemaal achterwege! Geen TBS met dwangverpleging. Zelfs geen TBS met voorwaarden. De motivering hiervoor was kort maar krachtig en o zo terecht, vond De Jong. Volgens het gerechtshof was het gevaar voor herhaling heel klein. De kans dat Rachael ooit nog eens een kind zou vermoorden, achtten de rechters vrijwel nihil.

De uitspraak was een prachtige overwinning maar leidde bij De Jong toch tot gemengde gevoelens. Geen gedwongen, uitzichtloze behandeling in een kliniek klonk wel mooi, maar de werkelijkheid was minder fraai. Want Rachael ging natuurlijk wel degelijk gebukt onder een ernstige, psychische stoornis. Ze móest behandeld worden, ze kon niet aan haar angstige, labiele lot worden overgelaten. Bovendien wílde ze nu zelf ook behandeld worden. Maar waar dan? En door wie? Het werk van een advocaat houdt niet op als de rechtszaak achter de rug is. Op verzoek van Rachael nam De Jong contact op met het openbaar ministerie.

De wet voorziet in de mogelijkheid om veroordeelden - die lijden aan 'een gebrekkige ontwikkeling of een ziekelijke stoornis' en in het kader van 'psychische nood' behandeling nodig hebben - te laten opnemen in een psychiatrisch ziekenhuis.

In goed overleg kwamen De Jong en de officier van justitie er uit. Rachael hoefde niet lang meer in de gevangenis te zitten. Ze werd opgenomen in een psychiatrisch ziekenhuis en er werd direkt een begin gemaakt met haar behandeling. Het is niet altijd oorlog tussen *De Kale* en de overheid. Als het hém goed uitkomt, is de advocaat best bereid tot een korte wapenstilstand.

Aan de lunchtafel in *Maliesingel 2* is de stilte om te snijden. 'Die laatste woorden...' fluistert de secretaresse, 'mama... wat doe je nou?' De jonge jurist slikt moeizaam een broodje weg. Het is hoorbaar. De boodschap van De Jong laat aan duidelijkheid niets te wensen over. De advocaat staat op en verdwijnt richting zijn werkkamer. Er ligt nog veel werk op hem te wachten.

Hoofdstuk 3: Pauw & Witteman

Een groot aantal cliënten van *Maliesingel 2* woont in de Utrechtse wijk Ondiep. Het houden van een hennepkwekerijtje op zolder is vaak de reden dat de buurtbewoners strafrechtelijk in de problemen komen en daarom bij Ausma en De Jong aankloppen. Erg ernstig is het allemaal niet. De meesten hebben het nou eenmaal niet zo breed en proberen op deze manier wat centjes bij te verdienen om daarmee eens wat leuks met de kinderen te kunnen doen. Het is de gemeente Utrecht echter een doorn in het oog. Daarom hebben het stadsbestuur, het openbaar ministerie en de woningbouwvereniging eendrachtig een keihard beleid opgesteld dat korte metten moet maken met de thuiskwekers. Het is nu zo dat als er een hoeveelheid hennepplanten in een woning wordt aangetroffen, het hele gezin verplicht het huis moet verlaten. Ook al woont men sinds jaar en dag in de wijk - dichtbij alle naaste familie en vrienden - toch is het na betrapping onverbiddelijk inpakken en wegwezen geblazen.

Binnen de muren van *Maliesingel 2* ergert men zich hier blauw aan. Het wakkert de aversie tegen de overheid, die vooral in de persoonlijkheid van De Jong diep geworteld zit, verder aan. Bij Ausma overheerst het gevoel van medeleven met de hardwerkende, geboren en getogen Utrechters die natuurlijk enorm de dupe zijn van dit machtsmisbruik. Er zijn complete gezinnen ontregeld en zelfs helemaal de vernieling in geholpen. Maar dat is nog niet alles. Het misplaatste spierballenbeleid van de gemeente bevordert ook de schrikbarende verloedering van de stad. Want de huizen, die op deze grove manier vrijkomen, worden meestal aan buitenstaanders toegewezen. Vreemde vogels, volgens de wijkbewoners. Ter vergroting van de leefbaarheid van de wijk, volgens de gemeente. Onzin, volgens Ausma. Bullshit, volgens De Jong.

De situatie in Ondiep is explosief. Een groeiend probleem is de overlast van nieuwe hangjongeren waar ondanks de klachten van de oude buurtbewoners niets tegen wordt ondernomen.

De familie Mulder is één van de klagers. Ze ondervinden veel hinder van een groot aantal jongens dat in het voorjaar van 2007 dagelijks voor hun huis te vinden is. Soms staan ze zelfs ín hun voortuintje. Rinie Mulder - de man des huizes - heeft al een paar keer geprobeerd om met de jongeren in gesprek te komen om de steeds verder verslechterende situatie te verbeteren. Maar tevergeefs. Een grote mond en nog meer overlast waren het gevolg. Op een rustige zondagavond in maart komt de tikkende tijdbom tot ontploffing.

Ausma zit die avond te werken op kantoor. Hij moet nog wat stukken doorlezen voor een zitting die de volgende dag op de rol staat. Plotseling klinken in de verte sirenes. Omdat *Maliesingel 2* aan de rand van het centrum ligt, is het een veelgehoord geluid en kijkt de advocaat er dus aanvankelijk niet van op. Het alarm zwelt echter nadrukkelijk aan. Nog meer sirenes weerklinken. Het lijkt wel alsof alle hulpdiensten tegelijkertijd zijn uitgerukt, denkt Ausma. Waar spoeden ze zich naar toe? De advocaat kijkt uit het raam, maar ziet niets. Later op de avond melden nieuwsbronnen dat er rellen zijn uitgebroken in de Utrechtse wijk Ondiep. Er is oproer ontstaan nadat zich een dodelijk incident heeft voorgedaan.

Rinie Mulder heeft die zondagmiddag bij zijn geliefde voetbalclub doorgebracht. De vereniging is zijn lust en zijn leven. Hij is een oertrouwe supporter en zeer actief als vrijwilliger. Rinie organiseert bijvoorbeeld de populaire bingo-avonden in de voetbalkantine. Ook vandaag is het weer heel gezellig geweest. Een spannende wedstrijd. Een praatje. Wat dollen. De nodige biertjes. Na afloop rijdt hij met zijn vriend Wallie mee terug naar Ondiep. De auto wordt wordt bestuurd door Wallies hoogzwangere dochter. Op het pleintje aan de Boerhavelaan stappen de twee mannen uit. Samen lopen ze het laatste stukje naar huize Mulder. Althans, dat is de bedoeling. Maar er is een probleem.

Zoals de laatste tijd zo vaak gebeurt, wordt Rinie de doorgang versperd door de hangjongeren. Ze zijn bijna allemaal minderjarig en allochtoon. Het zijn steeds dezelfde jongens. Ze halen de Ondieper het bloed onder de nagels vandaan.

Rinie spreekt hen wéér op hun gedrag aan. Woedend. Tierend. De jongeren trekken zich er niets van aan. De twee mannen kunnen de pot op, vinden zij. Eén van de jongens heet Akif (17). Hij heeft razendsnel zijn oudere broer Serdar (22) laten bellen en die komt in aller ijl met een derde broer, Serkan (28), naar de Boerhavelaan. Het is een ongelijke strijd. Negen tegen twee. De situatie escaleert. Er vallen rake klappen. Serkan duwt Mulder weg en geeft hem een stomp. Er wordt ook geschopt. Zowel Rinie als Wallie komen ten val. Hun gezichten bloeden. De jongens blijven doorgaan met slaan en schoppen. De vrouw van Mulder en de dochter van Wallie snellen toe en weten het tweetal te ontzetten. De gewonde Rinie vlucht zijn huis in. Daar heeft hij nog een honkbalknuppel staan. Rinie wil het er niet bij laten zitten en loopt ermee naar buiten.

Intussen belt zijn vrouw voor de zoveelste maal de politie. Enkele motoragenten worden richting Boerhavelaan gestuurd. De jongens vluchten. Druk gebarend staat Rinie midden op straat als de eerste motoragent de hoek om komt. De jongeren zijn in geen velden of wegen meer te bekennen. Rinie probeert duidelijk te maken dat hij degene is die hulp nodig heeft, maar de politieman scheurt er zonder pardon vandoor. Er komen nog twee motoren aangesneld. Deze reageren wel op de Ondieper.

Volgens één van deze motoragenten heeft Rinie Mulder een mes in zijn handen. Hij komt daarmee dreigend op hem af. De politieman voelt zich zo in het nauw gedreven dat hij naar zijn dienstpistool grijpt en een gericht schot lost dat het hart van Rinie doorboort. Zijn vrouw - die op dat moment net de hoek om komt - hoort de knal en ziet haar geliefde op de rand van de stoep liggen. Ze wordt door de andere agent tegengehouden. Ze mag niet naar haar man toe. Een uur later wordt haar verteld dat Rinie Mulder door de politiekogel om het leven is gekomen. Die avond breken er rellen uit in de Utrechtse volksbuurt en wordt de noodtoestand uitgeroepen. Ondiep is 'breaking news'.

De volgende morgen zijn Ausma en De Jong zoals altijd vroeg op kantoor. Ze hebben beiden het nieuws over de oproer en de doodgeschoten buurtbewoner op de voet gevolgd. De gebeurtenissen kunnen niet los worden gezien van het wanbeleid van de gemeente, justitie en de woningbouwvereniging, zeggen ze tegen elkaar. Dan gaat de telefoon. Het is een vrouw. Uit Ondiep. Het is een cliënte. Ze is samen met haar partner getuige geweest van het fatale misdrijf en ze moeten zich nu als getuigen bij de politie melden. Maar eerst willen ze graag hun verhaal kwijt op *Maliesingel 2* en bovendien hebben ze wat vragen over hun positie als getuige. Wat moeten ze? Wat hoeven ze niet? Wat mogen ze weigeren? Kunnen ze zelf in de problemen komen? Het advocatenduo nodigt ze uit om direkt naar kantoor te komen. Daar leggen ze de aangeslagen Utrechters even later de basisregels uit.

Als getuige ben je wettelijk verplicht een verklaring af te leggen. Dat moet. Als je een misdrijf verzwijgt, kun je zelfs in de gevangenis belanden. Je moet dus normaal gesproken vertellen wat je weet, maar soms heb je als getuige een zwijgrecht en soms een verschoningsrecht. Dan hoef je niks te zeggen. Je mag zwijgen als je jezelf op wat voor manier dan ook kan belasten door wat je verklaart. Je bent verschoond als de verdachte familie van je is. Ook dan mag je je kaken - legaal - op elkaar houden. Een advocaat kan niet meer betekenen voor een getuige dan vooraf uitleg geven over de rechten en plichten. Verder moet een getuige het zelf doen.

Het echtpaar is behoorlijk van de kaart. Nog steeds gespannen - maar minder onzeker dan toen ze binnenkwamen - vertrekken de man en vrouw richting het hoofdbureau van politie. Ze zijn nog maar net weg of een derde Ondieper hangt aan de telefoon. Het wordt een drukke dag. Ausma neemt op. Een vrouw belt namens mevrouw Mulder, de weduwe van Rinie. Ze willen graag langskomen om de afschuwelijke situatie te bespreken. Rinie wordt in de pers afgeschilderd als een man die door zijn gedrag het noodlot over zichzelf heeft afgeroepen. De politie-man zou zo ernstig door hem zijn belaagd - dat wordt massaal gezegd en geschreven - dat hij echt niet anders kon doen dan zijn wapen trekken en schieten. Maar volgens mevrouw Mulder is het heel anders gegaan. Volgens haar zijn de autoriteiten hun eigen straatje aan het schoonvegen over de rug van haar gestorven man. Ze vraagt *Maliesingel 2* om haar te helpen en tegengas te geven. De waarheid moet boven tafel komen. Ausma legt uit dat hij even moet overleggen, maar binnen vijf minuten terug zal bellen.

De Jong: ' Wij hebben weinig principes, ik weet het, maar één principe is dat we geen slachtoffers en nabestaanden bijstaan.'
Ausma: 'Er zitten grote risico's aan, dat weet ik. Het kan vervelende dilemma's opleveren.'
De Jong: 'Ik wil geen belangenverstrengeling binnen ons kantoor. Als je een slachtoffer of nabestaande bijstaat en na een tijdje blijkt een andere cliënt verdachte in diezelfde zaak te zijn, dan heb je een probleem.'
Ausma: 'Niet doen dus? Dat zou wel jammer zijn...'
De Jong: 'Dit is anders, vind ik. Deze mensen zijn slachtoffer van de overheid. Als de autoriteiten een doodgewone burger om zeep helpen, dan hebben de nabestaanden recht op de best denkbare juridische bijstand. Van *Maliesingel 2* dus.'
Ausma: 'Mijn idee.'
De Jong: 'Ze zullen onze hulp hard nodig hebben. Politiemannen worden zelden vervolgd wegens moord.'

Een uur later stapt een zeer verdrietige maar dappere weduwe het kantoor binnen. Ze kan niet begrijpen dat de politie - die ze had gebeld om te helpen - zonder pardon haar man heeft 'vermoord' en nu ook nog beweert dat het zijn schuld is.

De pers is al snel op de hoogte van het feit dat *Maliesingel 2* de belangen van de familie Mulder behartigt. Zelf zijn de nabestaanden door het gebeuren niet in staat de journalisten te woord te staan en dus moet Ausma aan de bak.
Alle media willen als eerste en het liefst als enige met nieuwe

feiten voor de dag komen. Ondiep is 'hot' omdat Rinie is dood-geschoten door de politie, omdat er racistische rellen zijn uitge-broken en omdat de situatie in de wijk een dag later wéér dreigt te escaleren. De bewoners zijn het zat. Ze zijn massaal de straat opgegaan als eerbetoon aan Rinie en om de onverkwikkelijke situatie in de wijk onder de aandacht te brengen. De burgers staan nu letterlijk tegenover de overheid, die anders alleen een onzichtbare en ongrijpbare tegenstander is. Ze ruiken hun kans. Wanneer er vervolgens ook nog eens zogenaamde reltoeristen aansluiten, is de chaos compleet.

Ausma is de rest van de dag eigenlijk alleen nog maar bezig met de pers te woord te staan. Keer op keer legt hij rustig en welover-wogen uit dat de ellende is uitgebroken na een dodelijk schot uit het vuurwapen van een overheidsdienaar en dat het onzin is dat de schutter daarvoor zo ernstig was bedreigd door Rinie Mulder dat hij wel móest schieten. Redactieleden van verschillende TV-programma's stalken *De Blonde* en willen allemaal dat hij 's avonds - exclusief - in hún aktualiteitenrubriek of talkshow verschijnt. In overleg met de familie Mulder wordt besloten in te gaan op de uitnodiging van Pauw & Witteman, een goed bekeken praatpro-gramma waar Ausma veel spreektijd toegezegd krijgt.

Na een bespreking bij de nabestaanden thuis vertrekt Ausma met een zorgvuldig uitgekozen foto van Rinie naar de studio in Amsterdam. Normaliter zit een advocaat in TV-programma's op de schopstoel, omdat hij het voor iemand opneemt die van een schokkend misdrijf wordt verdacht en vaak door de publieke opinie al bij voorbaat veroordeeld is. Dat is niet erg, het hoort er bij, weet de advocaat. Ook op zittingen moet je vaak je rug rechten tegen afkeurend commentaar vanaf de publieke tribune. Maar nu is het anders. Ausma krijgt in de uitzending alle ruimte om een juist beeld van Rinie Mulder en de dubieuze omstandig-heden rond zijn dood te schetsen. Dankzij zijn optreden in Pauw & Witteman en dankzij een - door buurtbewoners georgani-seerde - stille tocht heeft de familie in elk geval een beetje het idee dat er een dag na zijn dood toch nog recht is gedaan aan hun zo geliefde Rinie.

Een half jaar later staat een deel van de hangjongeren - waarmee het drama begon - voor de politierechter. Ze worden veroordeeld tot werkstraffen van 60 tot 100 uur voor hun aandeel in de vechtpartij met Rinie en zijn vriend Wallie. Het onderzoek naar hun betrokkenheid is voortvarend uitgevoerd door de recherche. Zoals het hoort. Dat geldt niet voor het onderzoek van de rijksrecherche naar de schietende motoragent. Dat verloopt - verdacht - traag.

Ausma: 'Zelfs áls er uiteindelijk toch nog recht wordt gesproken in deze zaak, dan is het een schande dat het zo lang heeft geduurd.'
De Jong: 'Het onrecht van Ondiep is een tragisch feit.'
Ausma: 'Met de familie Mulder als voornaamste slachtoffer. Maar we laten ons niet kisten. Justitie is nog niet van ons af.'
De Jong: '*Maliesingel 2* moet altijd een toonbeeld van verbetenheid en onverzettelijkheid zijn.'

Hoofdstuk 4: Heart of stone

Het is dinsdag 11 juli 2006. Onno de Jong zit in het San Siro stadion in de Noord-Italiaanse miljoenenstad Milaan. De advocaat zit op de VIP-tribune. Vanavond vindt er de aftrap plaats van de Europese - 'A Bigger Bang' - tour van The Rolling Stones. Het is niet voor het eerst dat *De Kale* een concert van de Britse supergroep bijwoont.

De passie van De Jong voor de Rolling Stones begon in 1966 toen hij pas zeven jaar was. Een neefje had een platenspeler en de elpee 'Out of Our Heads'. Samen luisterden ze keer op keer naar de stem van Mick Jagger en - vooral - het gitaarspel van Keith Richards. De kleine Onno spaarde net zo lang totdat hij de plaat zelf kon kopen. Al zijn zakgeld gaf hij er aan uit. De single 'Heart of stone' is veertig jaar later nog altijd zijn lievelingsnummer.

She'll never break, never break, never break, never break
This heart of stone
Oh, no, no, this heart of stone

The Rolling Stones groeit uit tot een van de allergrootste bands uit de geschiedenis van de popmuziek. Hun imago is seks, drugs & rock 'n roll. Keith Richards is het ruige boegbeeld van de Britten. Hij rookt, spuit en snuift alles wat god verboden heeft. Talloze keren wordt hij wegens drugsbezit opgepakt. Hij brengt zelf het gerucht in de wereld dat hij zelfs de as van zijn overleden vader heeft opgesnoven. Ook als muzikant is hij gezichtsbepalend voor de groep. Zijn gitaarspel is vernieuwend en uniek. Bovendien schrijft hij - samen met Mick Jagger - bijna al het songmateriaal. Waaronder de gevoelige ballad 'Heart of stone'. Een hart van steen.

There've been so many girls that I've known
I've made so many cry and still I wonder why
Here comes the little girl
I see her walking down the street
She's all by herself
I try and knock her off her feet
But, she'll never break, never break, never break, never break
This heart of stone
Oh, no, no, this heart of stone

In 1970 speelden de Stones 'live' in de Amsterdamse RAI. Onno was toen nog maar twaalf jaar, maar hij stond vooraan. De basis-scholier straalde en ging volledig uit zijn dak. Voor het eerst in zijn leven zag hij Keith Richards in het echt. Hij keek zijn ogen uit. Wat een man! Ook zijn oren hield hij wagenwijd open. Wat een gitarist! Als tiener zag hij Richards nog een paar keer in Ne-derland. Hij had nog geen geld om de Stones in het buitenland te bewonderen. Maar in de jaren tachtig en negentig veranderde er veel. De Jong werd advocaat, begon veel geld te verdienen en werd ouder. De Stones - inmiddels ook van middelbare leeftijd - bleven platen maken en speelden 'live' nog altijd de sterren van de hemel. De ene na de andere wereldtournee werd georgani-seerd. De Jong miste er geen een. Als de Stones ergens speelden - in Europa of Amerika - stond of zat hij vooraan. Soms drie, vier avonden achtereen. *De Kale* schat dat hij The Rolling Stones inmiddels bijna honderd keer op heeft zien treden.

Het is dinsdag 11 juli 2006. De Jong kijkt naast zich. Er zit iemand die hij kent van de televisie. Het is misschien wel de beroemdste man van Italië. Sinds twee dagen. De advocaat heeft zondag 9 juli thuis op de bank nog vol verbazing naar de 22-jarige jonge-man gekeken. Hij leidde zijn land toen hoogstpersoonlijk naar de belangrijkste sportprijs ter wereld, het wereldkampioenschap voetballen. De Jong zit naast niemand minder dan Marco Ma-terazzi. In de finale tegen Frankrijk scoorde hij in de eerste helft de gelijkmaker waardoor de eindstand 1-1 werd. In de verlenging kreeg hij een kopstoot van de Franse aanvoerder Zinedine Zi-dane, die daardoor met rood het veld moest verlaten. Tijdens de beslissende strafschoppenserie zette hij zijn ploeg op het goede spoor door de eerste penalty koelbloedig te benutten. Marco Materazzi is net terug uit Duitsland waar het wereldkampioenschap plaatsvond en is vanavond eregast bij het uitgestelde begin van de nieuwe Europese tour van de The Rolling Stones.

In het voorjaar van 2006 viel Keith Richards - inmiddels 62 jaar - op de Fiji-eilanden uit een boom. Hij kwam op zijn hoofd terecht en werd zwaar gewond afgevoerd naar een ziekenhuis in Nieuw-Zeeland. Daar werd hij geopereerd. Naar verluidt was er sprake van een hersenbloeding. De Europese tour, die op 27 mei zou beginnen in Barcelona, moest worden uitgesteld. Over de gezondheidssituatie van Richards werd erg mysterieus gedaan. Zou hij nog 'de ouwe' worden? Zou hij ooit nog kunnen optreden? Of was het nu definitief gedaan met de man die volgens de wetten van de natuur en de logica lang geleden al gestorven had moeten zijn? Zijn herstel nam uiteindelijk slechts enkele weken in beslag. Een wonder.

Het is dinsdag 11 juli 2006. De spanning stijgt in San Siro. Ieder moment kan het eerste 'A Bigger Bang'-concert van The Rolling Stones in Europa beginnen. Over luttele seconden zal De Jong Keith Richards weer zien staan en horen spelen. Als het goed is. Er gaat een siddering door het publiek. Niemand blijft zitten. Iedereen staat overeind. Ook Onno de Jong. Ook Marco Materazzi. En dan barst de bom. Dan weerklinkt de muziek. Dan scheurt de gitaar van Keith Richards door het stadion. Als een orgasme. De voetbaltempel explodeert. De band speelt als vanouds. Adrenaline. Kippenvel. De Jong geniet zonder mate. Dit zijn de momenten. De Jong kijkt naar de gitarist. Naar zijn kop. Naar zijn verbetenheid. Naar zijn onverzettelijkheid. Naar zijn eigenzinnigheid. Naar zijn onaantastbaarheid. Keith Richards heeft schijt aan de wereld. Keith Richards is zijn opvoeder. Hij is zijn held. Hij is de beste. Keith Richards is zijn spiegel.

Hoofdstuk 5: Een huurmoord voor vijfhonderd euro

In het Huis van Bewaring in Zoetermeer zit een Turkse cliënt van *Maliesingel 2*. Hij heeft aanzien bij de andere gedetineerden. Eén van hen is een landgenoot - Imdat G. - die zojuist is veroordeeld voor het medeplegen van de geruchtmakende moord op de Leidse zakenman Jan van der Krieke in 2003. Imdat ontkent echter iedere betrokkenheid bij het misdrijf. De Turkse klant adviseert hem om voor zijn hoger beroep over te stappen naar het Utrechtse advocatenkantoor. Ausma en De Jong kunnen wel wat met zo'n omvangrijke strafzaak, weet hij uit eigen ervaring. De volgende dag heeft Ausma Imdat aan de telefoon. Diezelfde dag nog maken ze kennis met elkaar in een advocatenkamertje in de Zoetermeerse bajes en vertelt de nieuwe cliënt zijn verhaal.

Imdat G.: 'Meneer Ausma, u moet me helpen. Ik heb altijd pech. Ik ben soms te goed en te aardig voor de mensen en er zijn mensen die daar misbruik van maken. Dat heeft Metin ook gedaan. Metin is een slecht mens.'

Imdat en Metin kennen elkaar uit wasserij Ozon in Leiden. Ze hebben er allebei gewerkt. Ze zitten nu allebei vast. Ozon was gevestigd aan de Willem van der Madeweg; er werkten altijd veel Turkse mannen. 'Mister' Ozon was Jan van der Krieke. De 60-jarige ondernemer was een plaatselijke bekendheid. Hij was secretaris van MKB Leiden. Voor hij werd vermoord, had Metin de wasserij in handen gekregen.

Imdat G.: 'Eerst was Metin alleen maar arbeider in het bedrijf. Net als ik. Jan van der Krieke was een fijne man, een goeie baas. Maar Metin wilde meer. Hij werd de compagnon van Jan. Die vond het allemaal wel best. Hij had jaren hard gewerkt en wilde eindelijk wel eens wat meer genieten. Daarom had hij met Metin afgesproken dat deze zich zou inkopen en langzaam maar zeker het bedrijf zou overnemen. Metin deed het goed. Hij sleepte grote orders binnen, waar Jan natuurlijk ook goed aan verdiende. Dat zinde Metin niet. Hij wilde het bedrijf en de verdiensten voor zichzelf alleen, zo snel mogelijk. Maar Jan had geen haast. Hij begon Metin zelfs in de weg te zitten - denk ik - want de nieuwe baas zei wel eens dat de oude dood moest. Dat vertelde hij niet alleen aan mij, maar dat zei hij ook tegen andere werknemers. Ik nam hem niet serieus. Niemand deed dat, volgens mij.'

Imdat stopt heel even. Ausma kijkt hem aan. Hij weet dat nu het altijd moeilijke gedeelte komt. Het misdrijf. De verdenking. Is Imdat schuldig aan de moord? Op het eerste gezicht is hij niet het type koele killer, denkt Ausma. Maar de advocaat weet dat dat niet zo heel veel zegt...

Imdat G.: 'Op een vroege ochtend werd ik gebeld door Metin. Hij vroeg of ik onmiddellijk naar de wasserij wilde komen. Ik stapte in mijn auto. Bij de zaak aangekomen trof ik een vreemde situatie aan. De eerste ploeg stond buiten en mocht niet naar binnen. Er was wat aan de hand, maar wat, dat was onduidelijk. Ik ging binnen poolshoogte nemen. Wat ik daar zag, staat mij nog altijd helder voor de geest. Er liepen twee onbekende figuren rond, met lichte paniek in hun ogen. Metin stond vanaf de balustrade bevelen te geven. De broer van Metin was - samen met een werknemer - fanatiek bezig een deel van de wasserij schoon te boenen. Dat was raar. Ook mij werd dringend verzocht te helpen met reinigen. Pas toen we klaar waren, werden de nog steeds buiten wachtende werknemers naar binnen geroepen. Er werd medegedeeld dat de wasserij vandaag gesloten bleef en dat ze naar huis mochten. Toen ik Metin vroeg wat er loos was, vertelde hij dat hij ruzie had gehad met Jan van der Krieke en dat daarbij rake klappen waren gevallen.'

Ausma luistert goed en denkt snel na. Het is hem duidelijk waar het verhaal naar toe gaat. Zijn nieuwe cliënt wil hem laten geloven dat hij erin is geluisd. Een leugen of de waarheid. Ook op het tweede gezicht komt Imdat niet onbetrouwbaar over. Meer een pechvogel, zoals hij zelf al zei. Goedgelovig. Naïef. Wie weet, denkt *De Blonde.*

Imdat G.: 'Jan werd niet meer gezien in de wasserij. Ook thuis kwam hij niet opdagen. Het waren spannende, onzekere tijden voor zijn vrouw en kinderen. Maar ook ik maakte me grote zorgen. Ik was bang dat er iets ergs was gebeurd. Maar wat? Door wie?'

Jan van der Krieke werd op zaterdag 10 mei 2003 voor het laatst in Leiden gezien. Hij reed die ochtend naar wasserij Ozon in zijn eigen auto. Maar de man en de personenwagen verdwenen spoorloos. Vijf dagen later werd de auto dankzij oplettende buurtbewoners teruggevonden bij station Hollands Spoor in Den Haag. Op 15 mei 2003 openden enkele parkeerwachters om 17.00 uur de kofferbak van de wagen. Daarin werd het stoffelijk overschot van Van der Krieke aangetroffen. Uit sectie bleek dat hij was doodgestoken met een mes. De zakenman was in zijn eigen wasserij om het leven gebracht. De recherche wist al snel wie waarschijnlijk zijn moordenaars waren.

Imdat G.: 'Jan was gevonden. De dadergroep kwamen ze al snel op het spoor. Metin was de hoofdverdachte en ik was één van de medeplegers, zei de politie. Want wat bleek? Ik was volgens meerdere werknemers van de wasserij, die door de recherche als getuigen waren gehoord, op de hoogte van de plannen van Metin en ik had na afloop meegeholpen met het uitwissen van de sporen van de fatale steekpartij. Op grond van deze verklaringen werd ik een paar dagen geleden door de rechtbank in Den Haag veroordeeld tot negen jaar gevangenisstraf. Nu bent u hier en kan ik alleen maar zeggen: help mij alstublieft. Echt waar, met die moord op Jan van der Krieke heb ik helemaal niets te maken.'

Ausma weet genoeg en zegt 'ja' tegen het verzoek van Imdat G. Hij zal hem bijstaan in het hoger beroep. De advocaat ziet mogelijkheden. Zeker als het bewijs louter op getuigenverklaringen is gestoeld. Het zal zaak zijn om de betreffende processen-verbaal goed uit te pluizen en de getuigen met elkaars tegenstrijdigheden - die er zonder twijfel zijn - te confronteren. Hij neemt afscheid van zijn nieuwe cliënt en bespreekt de zaak de volgende morgen in alle vroegte met De Jong. Het is enorm druk op kantoor vanwege een groot aantal lopende strafzaken en het dossier Imdat G. is omvangrijk en complex. Daarom neemt het duo een bijzonder besluit. Ze gaan het hoger beroep met z'n tweeën doen. Samen nóg sterker.

Het gerechtshof in Den Haag reserveert een groot aantal zittingsdagen om de enorme hoeveelheid getuigen die Ausma en De Jong hebben opgeroepen te kunnen horen. Het horen van getuigen in hoger beroep is inmiddels geen gewoonte meer in Nederland. Sinds enkele wetswijzigingen hoeft een hof getuigen die in eerste aanleg al door de rechter zijn ondervraagd niet nogmaals te horen. In tegenstelling tot vele landen om ons heen wordt in ons land tegenwoordig het hele appèl van papier gevoerd. Bij de rechtbank zijn er nog wel mogelijkheden, maar in hoger beroep moeten zéér goede argumenten worden aangedragen.

Ausma: 'Ik begrijp best dat een proces efficiënt moet verlopen, maar ik vind deze nieuwe situatie ronduit schandalig.'

De Jong: 'Het hoger beroep is de laatste kans voor een verdachte en daar mag een hof niet te lichtvaardig mee omgaan.'

De zaak van Imdat G. dateert echter nog uit de tijd vóór de wetswijzigingen en illustreert hoe belangrijk het horen van getuigen op de zitting - ook in hoger beroep - kan zijn. Tijdens de nieuwe verhoren blijkt namelijk al snel dat een aantal werknemers van de wasserij zwaar onder druk is gezet door hun baas Metin om valse verklaringen af te leggen. De getuigen vallen bij het hof bijna allemaal door de mand. Langzaam wordt duidelijk wat er in werkelijkheid is gebeurd.

De gewelddadige dood van Jan van der Krieke was een ordinaire huurmoord. Metin had twee Oosteuropese mannen bereid gevonden om hem te doden. Gewetenloos. Laf. Hij beloofde het duo tienduizend euro voor de executie te betalen. Uiteindelijk ontvingen ze vijfhonderd euro. Imdat had hierbij in het geheel geen rol gespeeld. Hij had ook geen enkele wetenschap gehad van de snode plannen van Metin.

Na een overtuigend pleidooi van De Jong spreekt het gerechtshof Imdat vrij van betrokkenheid bij de dood van Jan van der Krieke. Hij wordt wel tot vier maanden gevangenisstraf veroordeeld voor een veel minder ernstig delikt: begunstiging. Hij heeft volgens de raadsheren op een gegeven moment geweten dat de wasserijbaas was vermoord en heeft dit toen niet aan de politie gemeld. Een strafbaar feit. Maar een bijzaak.

Imdat G. mag zijn spullen ophalen in het Huis van Bewaring in Zoetermeer en is weer vrij man. Hij keert uiteindelijk terug naar zijn vaderland - gedesillusioneerd en verbitterd - omdat het gerechtshof na zijn vrijspraak weigert om hem een redelijke schadevergoeding toe te kennen. Hij had tijdens de verhoren meer openheid van zaken moeten geven, dan had hij zichzelf een groot deel van de ellende bespaard. Eigen schuld, dikke bult, volgens het hof. Een grof schandaal, volgens Ausma en De Jong.

Maanden later komt er bij *Maliesingel 2* een ansichtkaart van hem binnen. Uit Turkije. Imdat bedankt de advocaten nogmaals voor hun bijstand, maar - zo schrijft hij - zijn leven is verwoest. Het lukt hem niet meer de draad op te pakken.
Ausma: 'Ik vind het lastig om met zo'n bericht om te gaan.'
De Jong: 'Imdat is vervolgd en veroordeeld terwijl hij aantoonbaar onschuldig was!'
Ausma: 'Het leven is niet bedoeld om kapot gemaakt te worden.'
De Jong: 'Het afwijzen van de schadevergoeding is onfatsoenlijk, onmenselijk en wreed. De zaak Imdat G. toont het ware gezicht van onze beschaving die geen beschaving is.'

Hoofdstuk 6: The Sopranos in Utrecht

Ausma en De Jong zitten in de kluiskamer. Zodadelijk komen twee broers op bezoek. Ze zijn al jaren klant van *Maliesingel 2* en bekleden een vooraanstaande positie in de wereld van de drugshandel. 'We komen met wat vrienden,' hebben ze telefonisch laten weten.

Even later zitten de advocaten in de hermetisch afgesloten ruimte met een bont gezelschap donker geklede mannen om zich heen. De meesten zijn beduidend jonger dan de twee broers. Eén van de secretaresses heeft koffie, thee, koekjes en water op tafel gezet. Maar niemand pakt iets. *De Kale* en *De Blonde* wachten rustig af wat er gaat gebeuren. Dit zijn van die momenten waarvan ze intens genieten. Ze kijken elkaar niet aan. Dat hoeft ook niet want in dit soort situaties kunnen ze feilloos elkaars gedachten lezen. Dit zijn van die momenten waarvan niemand gelooft dat het echt gebeurt. Hun blikken glijden kalm langs de gezichten van hun gasten. Ze zorgen ervoor dat ze vriendelijk, gastvrij en een beetje nonchalant ogen. Intussen weet Ausma wat er in De Jong omgaat. En andersom. In feite 'praten' ze met elkaar.

De Jong: 'Dit zijn hun vrienden niet.'
Ausma: 'Het zijn zonen, of neefjes.'
De Jong: 'Mijn idee.'
Ausma: 'The next generation.'
De Jong: 'De clientèle van de toekomst.'

Ausma vertrekt geen spier. De oudste broer neemt het woord. Hij is de baas en praat vaderlijk, bedachtzaam en dwingend. Zijn tongval verraadt zijn land van herkomst. Het versterkt zijn imago van de 'Godfather' van het gezelschap en het vermoeden dat de jonge gasten aan tafel familie zijn.

De Jong: 'The Sopranos.'
Ausma: 'In Utrecht.'
De Jong: 'We zitten in onze eigen speelfilm.'
Ausma: 'Let op, de baas gaat wat zeggen.'

De oudste broer neemt het woord: 'Deze jonge heren willen met ons wat business gaan doen en daar voelen wij wel voor. Maar we stellen het op prijs als u ze een paar zaken uitlegt waar op gelet moet worden, u begrijpt wat ik bedoel. Wíj kunnen ze dat wel vertellen, maar u heeft daar nu eenmaal meer verstand van. En bovendien, als het mis gaat, is het goed dat ze u al een keer hebben gezien. Dat ze weten met wie ze bellen, u begrijpt wat ik bedoel.'

De Jong: 'Ik vind 't wel een leuke film om in te zitten.'
Ausma: 'Doe jij maar de taps.'
De Jong: 'Is okay. Jij eerst een introotje.'

Ausma knikt één voor één richting de broers - respektvol maar ook afstandelijk - en houdt een korte inleiding over de wet, de mazen, het recht en de taak van *Maliesingel 2* om het recht voor hun cliënten zo gunstig mogelijk uit te laten pakken. 'Maar de rechter bepaalt,' zo besluit hij, 'en de klant betaalt.' De broers grinniken nauwelijks zichtbaar; ze houden wel van dit soort humor. En Ausma weet dat. Hij geeft De Jong het woord.

De Jong schraapt zijn keel, profiteert van zijn jaren als acteur en begint een korte monoloog: 'Als je nou kijkt waar het in de grote zaken fout gaat, dan is dat in vijf-en-zeventig procent van de gevallen taps, bijna altijd taps. In grote drugszaken, altijd taps, taps, taps. Bij een klein beetje verdenking begint het al, taps, en daar groeien dan weer observaties uit voort en dan zien ze dat weer en dan gaan ze daar weer tappen, bij die mensen, en dan horen ze die weer lullen en dan gaan ze het volgende nummer tappen en er wordt maar gekletst en gekletst en er wordt maar gekwekt en gekwekt aan die telefoon, als een stelletje ouwe wijven, als ik dat later in de stukken terug lees, dan denk ik, hou toch eens op met dat geouwehoer door de telefoon. Taps. Nooit vergeten. Taps!'
Ausma leunt relaxed achterover; de broers kijken rond. De jon-

gere garde geeft geen krimp. Ze luisteren naar De Jong, die in rap tempo doorgaat met zijn betoog. Deze jongens, weet hij, houden niet van traag en vaag. Snelheid en helderheid. That's it!

De Jong vervolgt: 'En dan dat zogenaamd 'verhullende' taalgebruik. Dan wordt er gesproken over een kwartje en een dubbeltje en een sterretje, een tabletje dus, of een zakje suiker of een zakje meel, cocaine, allemaal dingen die de politie ook al járen weet, dus zeg ik, jongens, leer nou eens om gewoon niet meer te telefoneren, behalve dan met je meisje of met moeder de vrouw, waarom je even wat later thuiskomt, of dat je een nachtje weg blijft, maar stop nou eens met dat bellen als je iets van plan bent of zelfs al bezig bent met het een of ander. Gewoon niet meer doen, thuis laten dat ding. Als jullie nou gewoon zouden leren om gewoon niet meer te telefoneren, dan lost de politie een stuk minder zaken op, in ieder geval minder drugszaken...'

De Kale is half gaan staan, zonder het zelf in de gaten te hebben. Voorovergebogen, met zijn vingers gespreid op tafel. Hij gaat weer zitten. Nu buigt *De Blonde* naar voren.

De ogen van Ausma glimmen als hij begint te praten: 'Maar het kan natuurlijk misgaan, ook als je niet telefoneert, het kan natuurlijk tóch misgaan. Je kunt worden gepakt, anderen kunnen worden opgepakt en ja dan moet je vooral even geen domme dingen doen. De Jong zegt: taps. Ik zeg: kop dicht. Kop dicht, kop dicht, kop dicht. Bij de politie kun je een lulverhaal ophangen, je kunt de waarheid spreken, maar je kunt ook zwijgen. En dan zeg ik, als je nou eens begint met te zwijgen, dan zie je later wel of je toch wat gaat zeggen, maar je wacht sowieso tot je je advocaat gesproken hebt. De meeste verdachten beginnen te liegen of die beginnen te bekennen, nou ja, goed, als je dat wilt, als je daar voor kiest, dan staat je dat vrij natuurlijk. Maar liegen is nooit zo handig, want je raakt op een gegeven moment verstrikt in je eigen leugens en als er mede-verdachten zijn, weet je niet wat die anderen verklaren, of dat wel aansluit op jouw verhaal, dus vrij kansloos dat soort dingen. En bekennen is bekennen, een verklaring later intrekken is en blijft altijd een moeilijk verhaal, laat je niet omlullen van beken nu maar, want dan, dan komen ze met allemaal mooie beloftes en toezeggingen die ze toch niet nakomen, dus niet doen, kan altijd later nog, mijn advies aan klanten is kop dicht, zwijgen, en ons bellen natuurlijk. Vraag naar mij of naar De Jong. Zo snel mogelijk, gelijk zodra het mag. Zeg het ook maar tegen de rechercheurs, zeg maar, ik wil misschien wel praten, maar ik wil eerst mijn advocaat zien, tot die tijd beroep ik mij op mijn zwijgrecht, niet zwijgplicht, dat willen sommige klanten ook nog wel eens zeggen, nee, je beroept je op je zwijgrecht. Al moet je het vijfhonderd keer zeggen, ik beroep me op mijn zwijgrecht, ik beroep me op mijn zwijgrecht, gewoon doen en je kunt er ook nog bij zeggen dat het geen enkele zin heeft om door te gaan met het verhoor en vragen te blijven stellen, dus dan zeg je ik wil graag terug naar mijn cel of u moet mij laten gaan, maar ik zeg niets. Helemaal niets. Kop dicht dus!'

De Jong biedt de mannen thee, koffie en water aan. Zwijgend maken ze één voor één duidelijk dat ze niets willen te drinken. Behalve de laatste jongeman in de rij. Hij lijkt sprekend op de oudste broer. De Jong ziet het nu pas. Dezelfde haarinplant. Dezelfde blik. Dezelfde kleding. Ook een leiderstype. 'Ik wil graag een glas water, het liefst met een ijsklontje,' zegt hij met een prettige maar o zo dwingende stem. Hij schuift wat met zijn stoel en vervolgt: 'Ik denk dat ik u beiden namens ons allemaal mag bedanken. Het is goed om te weten dat de politie lui is en het is ook goed dat u ons waarschuwt dat wij nooit lui mogen worden. We zullen slim zijn, oplettend, en voorzichtig. Heeft u een kaartje voor mij met uw GSM-nummer erop?'

Ausma pakt uit zijn binnenzak een klein leren etuitje. Het was peperduur, maar voor deze gelegenheden is het van onschatbare waarde. Er zitten alleen maar visitekaartjes in. Hij deelt ze plechtig uit. Welkom bij de grote jongens. Welkom bij *Maliesingel 2*. Het is meer dan een gebaar, bijna een ritueel. De twee broers kijken tevreden toe. Dit is wat ze beoogden. Als de jongemannen allemaal een kaartje hebben, staat het gezelschap op. Als één man. Allemaal tegelijk. Zwijgend verlaat men de kluiskamer. De advocaten lopen rustig mee naar de voordeur. Ze voelen de ogen van hun kantoorgenoten in hun ruggen prikken. Ze wanen zich nog steeds in een speelfilm.

Hoofdstuk 7: De bokshandschoen van Muhammad Ali

Washington DC, United States. Onno de Jong slentert door de hoofdstad van Amerika. Hij is niet speciaal op zoek naar iets, maar staat wel op het punt om een droom te verwezenlijken. Dat weet hij alleen zelf nog niet.

De advocaat stopt voor de etalage van een winkel waar originele attributen van de allergrootste Amerikaanse sporthelden te koop worden aangeboden. Het is een bekend fenomeen in de Verenigde Staten waar iedereen gek op sport is. Vanuit zijn ooghoeken ziet De Jong een bokshandschoen. Hij kijkt en ziet de naam van Muhammad Ali erbij staan. *De Kale* wrijft over zijn hoofd - een teken van onrust - maar van twijfel is geen sprake. Hij heeft het besluit al genomen. De advocaat weet dat hij niet met lege handen in Nederland terug gaat komen.

De Jong: 'Als kind keek ik altijd naar de gevechten van Muhammad Ali. Hij heette eigenlijk Cassius Clay. De bokspartijen werden steevast in het holst van de nacht op de televisie uitgezonden. Rechtstreeks. Clay versus Frasier was de meest onvergetelijke. The Fight of the Century. Ik ging vroeg naar bed, stond na een paar uurtjes slapen op en viel de volgende dag in de klas in een diepe slaap. Ik had het onvermijdelijke strafwerk er graag voor over. Muhammad Ali was de kampioen der kampioenen. Een levende legende. Nog altijd.'

Er is in de ogen van De Jong nooit meer een grotere sportman geweest. Hij baseert zijn mening niet alleen op het unieke talent van de bokser en de onwaarschijnlijke fysieke kracht waarmee hij zijn vuisten liet spreken, maar vooral op de mentaliteit van de wereldkampioen.

De Jong: 'Muhammad Ali stond altijd recht voor zijn mening, hij draaide nooit ergens omheen. Hij was controversieel en werd in de jaren zestig volkomen ten onrechte verguisd door de Amerikanen - en gestript van zijn wereldtitel - omdat hij niet naar Vietnam wilde gaan en daarom zijn dienstplicht weigerde te vervullen. Nadat hij was gerehabiliteerd, heroverde hij het wereldkampioenschap. Dat is in mijn ogen het ultieme bewijs voor zijn ongeëvenaarde vastberadenheid en doorzettingsvermogen. Altijd recht door zee. Altijd opboksen tegen de autoriteiten. Onverzettelijk blijven, nooit buigen. Van tegenslagen alleen maar sterker worden. Meedogenloos terugslaan. Altijd blijven geloven in jezelf. Altijd de beste willen zijn. Een voorbeeld. Een spiegel. Net als Keith Richards.'

Zonder aarzelen stapt De Jong de winkel binnen. De bokshandschoen zit veilig opgeborgen in een stevig, doorzichtig omhulsel. Hij kan er amper afblijven. Hij voelt de opwinding door zijn aderen stromen. De handtekening van Muhammad Ali - bibberig vanwege de ziekte van Parkinson - is echt. De Jong vergewist zich er nauwgezet van; dat is hij als jurist aan zijn stand verplicht. Hij heeft al geconstateerd dat de winkel een speciale licentie heeft om de memorabilia te mogen verkopen. Dat betekent dat men aan allerlei vereisten voldoet en - belangrijker - de tent meteen kan sluiten als er ooit een *fake* van een sporter te koop zou worden aangeboden. Bovendien wordt er een rechtsgeldig certificaat van echtheid bij het kleinood geleverd, samen met een foto van Ali waarop te zien is dat hij - breedlachend - zijn handtekening op déze bokshandschoen zet. De advocaat vraagt niet eens naar de prijs.

Eenmaal terug in Nederland zet De Jong de handschoen in een boekenkast op zijn werkkamer. Daar staat hij sindsdien symbolisch te pronken. Als de strafpleiter *Maliesingel 2* verlaat voor een volgend gevecht in de rechtszaal, voor een nieuwe titanenstrijd tegen het openbaar ministerie, dan kijkt hij altijd even naar de handschoen. Soms tikt hij er even tegenaan. Er is niets mooier dan een aanklager genadeloos te vloeren, het liefst door middel van een knock-out. Net als de grote Muhammad Ali. Vroeger. Toen De Kale nog een klein jochie was.

Hoofdstuk 8: De Palestijnse verhanging

Met een oorverdovende knal smijt Ausma de deur achter zich dicht, terwijl hij opgewonden zijn werkkamer uitloopt.

Iedereen op kantoor veert geschrokken overeind. Het gebeurt niet vaak dat *De Blonde* zichzelf niet is. Hij blijft verwilderd rondlopen. De trap op. Naar de zolderverdieping. De trap af. Kriskras door het kantoor. De medewerkers staren hem stom-verbaasd na. Weer naar beneden. Anderen kijken bezorgd. De kluiskamer. 'De baas' lijkt in de war. Het souterrain. Ausma zwijgt. Hij zegt helemaal niets. Wat is er in vredesnaam met hem aan de hand?

Terug op de eerste verdieping blijft de advocaat heen en weer lopen in de gang. Hij gaat zijn kamer niet binnen. Voorzichtig gaat de deur van De Jong open. Stilletjes. Op een kiertje. Hij steekt zo onopvallend mogelijk zijn hoofd naar buiten. De Kale gelooft zijn ogen niet. Het lijkt wel of zijn altijd zo kalme com-pagnon plotseling helemaal gek is geworden. Doorgedraaid. Overspannen. Bezeten. De Jong roept zo zachtjes mogelijk zijn naam: 'Hé! Willem Jan... Willem Jan...!' Dan luider. 'Willem Jan!!!' Maar er volgt geen enkele reactie.

De Jong piekert zich suf. Voor hij de advocatuur inging, was hij vijf jaar acteur. Maar zijn talent was niet groot genoeg. Ausma is echter een nog veel slechtere toneelspeler, weet De Jong, dus moet het vreemde gedrag van zijn partner wel echt zijn. Er is iets loos, concludeert hij.

Het wordt muisstil in het kantoor.

Steeds stiller.

Het is alsof ze met z'n allen in een stomme film zijn beland.

Het is Ausma zelf die de stilte verstoort. Ineens blijft de advocaat staan. Hij schudt z'n hoofd en slaakt een zucht die uit zijn tenen lijkt te komen. 'Zo, dat lucht op,' zegt hij nonchalant en loopt terug naar zijn kamer. Alsof er niets is gebeurd. Hij sluit de deur achter zich en loopt naar zijn bureau. Daar gaat hij verder met de bestudering van het politiedossier dat eerder die dag binnen is gekomen. De ordner ligt opengeslagen bij de bekennende verklaring van een verdachte, niet zijn cliënt. Dit proces-verbaal is er de oorzaak van dat hij minutenlang zichzelf niet was. Maar dat weten zijn kantoorgenoten op dat moment nog niet.

Uit bezorgdheid loopt De Jong na een kwartiertje bij zijn soulmate naar binnen. Hij vraagt zo achteloos mogelijk of er misschien 'iets' is. Op momenten als deze zijn ze bovenal vrienden. 'Het is gruwelijk,' zegt Ausma zonder uit de dossiermap op te kijken, 'zo gruwelijk lees je het zelden.' Hij bladert terug en tikt met zijn wijsvinger op een document. 'Het spijt me,' zegt hij, 'maar het moest er gewoon even uit.' *De Kale* gaat op de rand van het bureau zitten. *De Blonde* begint te vertellen. Monotoon. Aangedaan.

Ausma: 'Het slachtoffer was een zakenman, ene Naci H., die legaal én illegaal handelde. Gestolen vrachtwagens met lucratieve ladingen waren zijn specialiteit. Ik praat in de verleden tijd omdat deze Naci dood is. Erg dood zelfs. Twee criminele investeerders hadden nog twintig duizend euro van hem tegoed en nodigden de handelaar uit voor een etentje en een goed gesprek onder zes ogen. Je kent die bijeenkomsten wel. Het tweetal wilde hun inleg terug. Goedschiks of kwaadschiks. Eerst aten ze een pizza. Maar toen de terugbetaling ter sprake kwam, hadden de geldschieters het gevoel dat ze ernstig aan het lijntje werden gehouden en dat dit niet spontaan zou veranderen. Dat pikten ze niet. Eerst werd Naci H. in een auto meegenomen naar een woonboerderij in het dorp Angerlo in de Achterhoek. De bewoner van het afgelegen perceel wist van hun komst; naar eigen zeggen wist hij niet van de exacte achtergronden van het bezoek. Hij verliet de boerderij en liet de mannen alleen.'

De advocaat pakt een glas water en neemt een slok.

Ausma: 'Vervolgens werden er enkele zware jongens opgetrommeld - 'incasso-experts' - die op werkelijk extreem gewelddadige wijze het geld begonnen terug te vorderen. Naci H. werd gemarteld volgens de methode van de Palestijnse verhanging. Wel eens van gehoord?'

De Jong schudt zijn hoofd. Hij kent de term niet, maar begrijpt onmiddellijk dat het om een weerzinwekkende martelmethode moet gaan.

Ausma: 'De machteloze zakenman werd bijna twee dagen lang opgehangen aan een balk in de schuur. Zodanig dat hij met zijn tenen nét niet de grond raakte. Bijna twee etmalen... Bijna 48 uur... Bungelend aan een touw, met z'n voeten vlak boven de vloer... De seconden moeten als minuten hebben aangevoeld. En de minuten als uren. Bovendien werd hij ook nog eens geschopt en met een stok geslagen. Kun je je voorstellen? Probeer het niet, ik deed dat zojuist, het maakte me verschrikkelijk onrustig. Panisch.'

De advocaat laat even een stilte vallen. Hij neemt nog een slok water. Zijn stem trilde, realiseert hij zich. Op een zakelijke toon rondt hij het verhaal vervolgens af.

Ausma: 'Naci H. betaalde niet. Ondanks de martelingen. Onvoorstelbaar dat het slachtoffer niet 'om' is gegaan. Onmenselijk wat hij heeft moeten doorstaan. De beulen werden bedankt voor de moeite en de twee schuldeisers reden hem - inmiddels half bewusteloos - hoogstpersoonlijk in de kofferbak van hun auto naar een afrit langs de A50 bij Beekbergen. Daar hebben ze aan de rand van een bos een touw om zijn nek gebonden en er vervolgens net zo lang aan getrokken en geduwd tot ook het allerlaatste stukje leven uit hun slachtoffer verdwenen was. De één hield het touw vast, de ander drukte zijn hoofd en rug omlaag. Dat kon er ook nog wel bij. Terwijl ik door het kantoor dwaalde, kon ik het woord slachtoffer maar niet uit mijn gedachten krijgen. Slacht. Offer. Het is me nog niet eerder overkomen.'

Ausma kijkt De Jong aan. Met veel gevoel voor understatement zegt hij: 'Maar nu ik het mezelf zo hoor vertellen, valt het allemaal eigenlijk best wel mee.' De Jong zucht en realiseert zich - voor de zoveelste keer - waarom hij deze man zo graag mag. Hij is anders dan alle anderen. 'Je hebt gelijk,' zegt De Jong, 'het is niet heel veel erger dan normaal.'

De Jong staat op. Zaken zijn zaken en hij heeft nog een vraag voor zijn partner, die al weer nonchalant achterover leunt in zijn comfortabele bureaustoel en ogenschijnlijk onverschillig door zijn blonde haren strijkt.

De Jong: 'Wie is onze cliënt in dit verhaal?'

Ausma: 'De eigenaar van de boerderij in Angerlo. Hij wordt verdacht van gijzeling én betrokkenheid bij de mishandelingen en de moord.'

De Jong: 'Zie je mogelijkheden?'

Ausma: 'De gijzeling wordt lastig, vrees ik, maar de vermeende betrokkenheid bij de martelmoord wordt een vrijspraak. Dat heb ik al gezien. Honderd procent.'

De Jong: 'Als je daar echt zeker van wilt zijn, kan ik de zaak misschien beter van je overnemen.'

De Jong lacht en verlaat de kamer. In de gang gekomen smijt hij met een oorverdovende knal de deur achter zich dicht.

Hoofdstuk 9: Een rood kort rokje

Een strafzaak is gebonden aan strenge regels waar de procespartijen zich aan moeten houden zodat een 'fair trial' gewaarborgd is. De officier van justitie vertegenwoordigt de overheid, de verdachte wordt bijgestaan door een advocaat en uiteindelijk beslist de onafhankelijke rechter.

Ieder strafproces eindigt hetzelfde. Eerst zet de aanklager in zijn requisitoir uiteen aan welk misdrijf de verdachte zich volgens justitie schuldig heeft gemaakt, welke bewijzen daarvoor zijn, of de verdachte ervoor gestraft kan worden en zo ja, welke straf of maatregel daarvoor moet worden opgelegd. De strafeis. Het requisitoir is voor slachtoffers en nabestaanden meestal het belangrijkste moment. Het leed dat hen is aangedaan, staat dan centraal. De verdachte krijgt er publiekelijk flink van langs.

Na de aanval is het tijd voor de verdediging. Dan krijgt de advocaat - zo lang als nodig en redelijk is - de gelegenheid voor zijn pleidooi. Dan passeren alle bezwaren tegen de aanklacht de revue. Dan worden fouten en missers in het recherche-onderzoek aan de kaak gesteld. Dan worden belastende getuigeverklaringen gereduceerd tot onbetrouwbare verzinsels. Dan worden ontlastende getuigenissen naar voren gebracht waar het openbaar ministerie ten onrechte te weinig of helemaal geen waarde aan hecht. Dan worden er bij ontkennende verdachten alternatieve scenario's gepresenteerd, waarin andere mogelijke daders naar voren worden geschoven. Dan wordt de vraag opgeroepen of het proces wel een 'fair trial' was. Het pleidooi eindigt steevast met een tegeneis. Dan verzoekt de raadsman de rechters om - als het tot een veroordeling komt - lagere straffen en minder zware maatregelen op te leggen dan de aanklager heeft gevorderd. Het voordragen van de pleitnota is voor de verdachte de climax van zijn rechtszaak. De raadsman is subjectief en staat volledig aan zijn kant. En plein publique kan hij ongestoord de visie van zijn cliënt verwoorden. Een perfecte pleitrede is to the point, legt op verrassende momenten de juiste accenten en is het best denkbare visitekaartje van ieder advocatenkantoor. Zeker als het tot een vrijspraak leidt.

Pleiten is een vak apart. De ene advocaat is er beter in dan de andere. Pleiten is een kunst en soms is een pleitnota bijna kunst.

Ausma: 'Ik ben geen naïef, pas afgestudeerd studentje dat nog de illusie heeft dat ie een rechter op andere gedachten kan brengen. Rechters hebben aan het eind van het proces al lang hun oordeel klaar - in elk geval in grote lijnen - en zitten dus niet te wachten op ellenlange jurische betogen en ook niet op komma- of mierengeneuk. Je moet de essentie uit de zaak halen - dat is de grootste kunst - en vervolgens moet je proberen om met korte, krachtige argumenten een ander licht op de aanklacht of op je cliënt te laten schijnen. Je moet verrassend uit de hoek durven en kunnen komen. Je moet ervoor zorgen dat de rechters hun wenkbrauwen fronsen en op het puntje van hun stoel gaan zitten. Gelukkig is originaliteit één van mijn sterkere eigenschappen - zegt men - en dat komt tijdens het voorbereiden en voordragen van mijn pleitnota vaak goed van pas. Pleiten is vooral een creatief proces en daar hou ik wel van!'

Pleiten is een kick

De Jong: 'Voor de zitting zet ik mijn pleidooi altijd van a tot z op papier. Ik highlight vervolgens een aantal steekwoorden zodat ik in de rechtszaal helemaal los kan komen van het papier. Het is toch een soort performance en dan moet je niet als een stijve kantoorklerk een papiertje voorlezen. Ik pleit meestal in een hoog tempo, met heel veel volumewisselingen - hard - zacht - hard - zacht - en laat soms bewust lange pauzes vallen. Ik geef toe dat dat een vorm van effectbejag is, maar dat is dan maar zo. Voor mijn cliënt is het van het grootste belang dat de rechters, de aanklager en de mensen in de zaal alles horen. Als de toehoorders met hun gedachten dreigen af te dwalen, doe ik er gewoon alles aan om ze weer bij de les te krijgen. Pleiten is een kick...'

Op een mooie voorjaarsdag stapt *De Kale* in één van de vele rechtszalen van het gerechtshof in Den Haag naar voren. Hij deelt copieën van zijn pleitnota uit aan de raadsheren, de griffier en de advocaat-generaal en schraapt zijn keel. Hij neemt een slok water en kucht. Dan bukt hij opzij en opent zijn aktetas. Na enig graaien en zoeken pakt hij een koker. Daarin zit een leesbril met een opvallend, gifgroen montuur. De advocaat buigt de pootjes zijwaarts en zet de bril op zijn neus. Na een tweede slok water neemt hij het woord. Hij verdedigt een tiener die door de rechtbank is veroordeeld voor een sadistische groepsmishandeling. In ongekend scherpe bewoordingen haalt hij uit naar het openbaar ministerie dat in zijn ogen veel te repressief reageert op de kwetsbare, afhankelijke, schuldbewuste puber. Een lange vrijheidsstraf? Jeugd-TBS met dwangverpleging? Waanzin! De Jong vindt dat zijn cliënt niet als een geesteszieke verschoppeling in de goot moet worden getrapt. Zonder enig toekomstperspectief. Een korte vrijheidsstraf en een ambulante behandeling zijn veel meer op z'n plaats. Bovendien is de verdachte zeer gemotiveerd voor een opleiding die direkt uitzicht biedt op een leuke baan met goede vooruitzichten op een beter leven met minder slechte vrienden. 'Edelachtbare, redt dit kind! Negeer de onbeschaafde, bijna middeleeuwse aanpak die de aanklager voorstaat. Spreek recht waar recht gesproken kan, nee, moet worden. Wees streng maar rechtvaardig. Dank u.'

De Kale zet zijn felgroene bril weer af, vouwt de pootjes traag dicht en stopt het hulpmiddel terug in de koker en z'n tas. Dan kijkt hij naar zijn cliënte en geeft een knipoog. Het blijft afwachten hoe het arrest over twee weken zal uitpakken, maar de toon is gezet. Vervolgens dwaalt de blik van de advocaat af naar boven. Daar is een klein balkonnetje, dat speciaal is gereserveerd voor journalisten. Hij weet dat daar vanmiddag een jonge vrouw zit - speciaal voor hem - een aantrekkelijke verslaggeefster van een populair weekblad. Hij heeft haar hoogstpersoonlijk uitgenodigd om de zitting bij te wonen. Ze is blond, intelligent en draagt een rood kort rokje boven haar hoge, zwarte leren laarzen.

De Jong kan zijn ogen er maar moeilijk vanaf houden als ze in de hal op hem af komt lopen.

Here comes the little girl
I see her walking down the street
She's all by herself
I try and knock her off her feet
But, she'll never break
This heart of stone

In de zaal heeft hij zijn cliënt gedag gezegd, nu is het tijd voor een ander onderdeel van het advocatenvak: public relations. De mooie journaliste wil een achtergrondverhaal schrijven over een moderne strafpleiter en is daarvoor bij *Maliesingel 2* terecht gekomen. De Jong wilde zich wel opofferen; Ausma stemde er schoorvoetend mee in. 'Ha die Onno,' lacht de schoonheid als ze vlak voor hem stilstaat en haar hand zonder aarzeling naar hem uitstrekt, 'wat zette jij een kek brilletje op in de rechtszaal!' Ze brandt onmiddellijk los. 'Leuk hoor! Gewaagd! Hij is wel erg groen, vind je niet?' De Jong reageert niet en geeft haar - galant - een handkus. 'Was het nuttig voor je reportage om de zitting bij te wonen?' vraagt hij losjes. 'Absoluut!' lacht de blondine. Even later trekken ze hun agenda's en maken een afspraak voor het grote interview dat de basis voor haar verhaal moet worden. 'Het lijkt me het leukst om in een informele sfeer verder te praten,' zegt ze ondeugend. *De Kale* wrijft over zijn hoofd. 'Ik stel voor om elkaar op kantoor te treffen,' antwoordt hij, 'op *Maliesingel 2*.'

There've been so many girls that I've known
I've made so many cry and still I wonder why
Here comes the little girl
I see her walking down the street
She's all by herself
I try and knock her off her feet
But, she'll never break, never break, never break, never break
This heart of stone

Enkele dagen later heet *De Kale* de verslaggeefster welkom in zijn werkkamer. Hij draagt z'n favoriete, blauwe Corneliani-pak. De advocaat weet hoe zijn gast is begluurd door z'n kantoorgenoten toen ze de gang doorwandelde en de brede trap naar de eerste verdieping opliep. Hij kent zijn pappenheimers en geeft ze geen ongelijk. Opnieuw draagt de jongedame een kort rokje. Deze keer heeft ze - doortrapt - gekozen voor de kleur gifgroen. Haar lach is even stralend als bij het gerechtshof. De begroeting verloopt ook identitiek. 'Ga zitten,' zegt De Jong uitnodigend, 'en barst maar los. Wat wil je allemaal weten.' De journaliste graait in haar tasje en zet een recordertje tussen hen in. Bedachtzaam drukt ze de opnameknop in en checkt geroutineerd of de tape loopt. Haar blik is onverminderd uitdagend. De advocaat blijft in zijn rol. 'Ik begin gemakkelijk,' zegt ze nonchalant, 'maar ik kan niet beloven dat het oppervlakkig blijft.' Nog een keer bekijkt ze de recorder van dichtbij. Alles werkt.

De verslaggeefster: 'Je volledige naam en leeftijd graag.'
De advocaat: 'Onno Eric de Jong. Geboren op 20 mei 1958 in Den Haag. M'n leeftijd mag je zelf uitrekenen.'
De verslaggeefster: 'Opleiding?'
De advocaat: 'Voor m'n rechtenstudie ben ik vijf jaar acteur geweest. Maar helaas geen talent.'
De verslaggeefster: 'Echt niet?'
De advocaat: 'Echt niet.'
De verslaggeefster: 'Wat zijn je sterke punten?'
De advocaat: 'Ik ben een doorzetter, ik geef nooit op. Ik ben grenzeloos ambitieus. Ik wil altijd meer, meer, beter, beter, sneller, sneller.'
De verslaggeefster: 'En dat is waarschijnlijk ook je zwakke punt?'
De advocaat: 'Nee dat vind ik niet. Maar ik heb ze wel hoor. Ik ben te impulsief en te ongeduldig. En soms - heel soms - erg opvliegend.'
De verslaggeefster: 'Wanneer bijvoorbeeld?'

De advocaat kijkt de verslaggeefster strak aan - recht in haar ogen - en zwijgt. Hij laat een lange stilte vallen. Een trucje uit z'n acteerperiode. Maar de journaliste laat zich niet van haar stuk brengen en kijkt terug. Niet brutaal, niet onaangenaam, ook strak.

De verslaggeefster: 'Opvliegend?'
De advocaat: 'Ik kan niet tegen onrecht en zeker niet als het om de overheid gaat.'
De verslaggeefster: 'Dan kan meester Onno Eric de Jong echt heel erg boos worden?'
De advocaat: 'Inderdaad.'
De verslaggeefster: 'Waar komt dat vandaan?'
De advocaat: 'Ik heb altijd al een enorme afkeer van de overheid gehad. Van jongsaf aan. Van nature, lijkt het wel. Ik haat de Staat.'

De verslaggeefster knikt. Ze kijkt nu ernstiger. Het maakt haar nog mooier. Hij trapt erin, denkt ze.

De advocaat: 'Weet je waar ik misschien een nog wel grotere hekel aan heb?'
De verslaggeefster: 'Nou?'
De advocaat: 'Aan mensen die zich identificeren met de overheid, zoals ambtenaren, die hun hele leven niets anders doen dan domweg regeltjes toepassen, zonder zich af te vragen waar ze mee bezig zijn. Dat irriteert mij mateloos. Die mensen kunnen mij gek maken.'

De verslaggeefster knikt tevreden. De Jong is 'los'.

De advocaat: 'Diep in mijn hart heb ik natuurlijk een autoriteitsprobleem.'
De verslaggeefster: 'Mogelijk.'
De advocaat: 'Ik kan gewoon niet tegen gezag.'
De verslaggeefster: 'Dat lijkt me alleen maar goed voor een strafpleiter.'
De advocaat: 'Ja, precies, daarom sta ik ook het liefste zogenaamde monsters bij, van die mannen die door de maatschappij vol afschuw zijn uitgekotst, die echt de meest weerzinwekkende dingen hebben uitgevreten, zedendrama's, bizarre moorden, dat werk, dat soort klanten, zodat ik lekker alles en iedereen tegen de

haren in kan strijken tijdens het onderzoek en in de rechtszaal. Ik schep er genoegen in om juist ook de goede kanten van zo iemand heel nadrukkelijk onder de aandacht te brengen.'

De verslaggeefster: 'Dat maakt je niet bij iedereen populair.'

De advocaat: 'Dat hoeft ook niet.'

De verslaggeefster: 'Advocaat van de duivel?'

De advocaat: 'Meestal zeggen ze gewoon *De Kale*.'

De verslaggeefster: 'Je hebt inderdaad geen haar. Scheer je je daar?'

De advocaat: 'Nee.'

De verslaggeefster: 'Je bent te jongensachtig om al kaal te zijn.'

De advocaat: 'Ik heb een scheiding achter de rug heb en de op-startfase van *Maliesingel 2* was zwaar. We hebben hard geknokt voor ons huidige succes.'

De verslaggeefster valt stil door dit antwoord. Ze kan er niet mee uit de voeten en kijkt de advocaat seconden lang alleen maar aan. Ze weet niet wat te zeggen. Het gifgroene brilletje uit de rechtszaal lijkt plotseling ver weg. Het Corneliani-pak doet er even niet meer toe. Ze schuift in haar stoel naar achteren en trekt haar korte rokje strak. Het is een zenuwtrekje. Ze steekt haar hand uit.

De verslaggeefster: 'Ik vind dit een mooi slot van het interview.'

De advocaat pakt haar hand en geeft haar net als in de hal van de rechtbank een handkus.

De advocaat: 'Kom, dan gaan we in het souterrain iets drinken.'

De verslaggeefster zet haar recorder uit en stopt hem zorgvuldig in haar felgekleurde tasje. Het wordt een goed verhaal. Ze is tevreden. Ze loopt heupwiegend naar beneden. Verleidelijk. De Jong loopt naast haar.

De advocaat: 'Ik heb nog een zwakke plek, die ben ik vergeten te vertellen.'

De verslaggeefster kijkt opzij. Haar lach is ontwapenend.

Don't keep on looking that same old way
If you try acting sad
You'll only make me glad
Better listen little girl
You go on walking down the street
I ain't got no love
I ain't the kind to meet
Cause you'll never break, never break, never break, never break
This heart of stone
Oh, no, no, this heart of stone

Hoofdstuk 10: Moslimterreur

Sinds enkele jaren beschikt *Maliesingel 2* over een strafpleiter waarvan iedereen al geruime tijd beweerde dat hij wel eens een grote jongen in het kleine advocatenwereldje zou kunnen gaan worden. Robert Maanicus is zijn naam. In 2003 sluit hij zich aan bij Ausma en De Jong. In 2005 treedt hij toe tot de maatschap. Maanicus heeft een scherpe tong en een heldere visie. In 2004 duikt één van zijn cliënten prominent op in het nieuws.

Het is 10 november 2004. Ruim een week na de moord op Theo van Gogh in Amsterdam. Nederland is in shock. Moslimterreur heeft ook in ons land z'n intrede gedaan. En hoe! Door Mohammed B. zijn we in een collectieve angstpsychose beland. De burgers sidderen, zowel in de grote steden als op het platteland. Iedereen 'voelt' dat het niet bij dat ene waanzinnige incident zal blijven. Er staat 'nog iets' te gebeuren. Niemand weet hoe. Of wat. Of wie. En waar? Opnieuw zullen 'ergens' in ons land terroristen opduiken. Woedend. Hatend. Zwaarbewapend. Nietsontziend. Door religie verhard en verblind.

Het is 10 november 2004. Kwart voor drie 's nachts. Midden in de Haagse wijk Laakkwartier weerklinkt een zware knal. Een boobytrap. Buurtbewoners schrikken wakker. Het beangstigende geluid komt uit de Antheunisstraat. Een speciale politie-eenheid heeft er een inval gedaan in een verpauperd pand. Binnen zit een onbekend aantal moslimterroristen. Om drie uur volgt een tweede ontploffing. Er is een granaat - gericht op de politie - naar buiten gegooid. Weer een half uur later wordt er geschoten. Nachtelijk Den Haag is het toneel van een tweede terreurdaad - in acht dagen tijd - uit naam van de koran. Om zes minuten voor zes heerst de noodtoestand. Drie politiemannen zijn getroffen door de explosieven. Gewond worden ze afgevoerd. De wijk wordt hermetisch afgesloten. Niemand mag erin. Het pikdonkere, spookachtige straatbeeld wordt beheerst door kogelvrije vesten en een angstaanjagende spanning. Achter de Antheunisstraat verschijnt de Bijzondere Bijstands Eenheid (BBE). Het zijn mariniers, getraind om kapingen en gijzelingen te beëindigen. Persbureau Reuter en Associated Press komen met de eerste persberichten. Nederland is nog voor acht uur in de morgen wereldnieuws. De televisiebeelden in de schemering zijn sinister. Is dit Nederland? Rond half negen stelt een aantal brandweerwagens en ziekenauto's zich op in de buurt van de Antheunisstraat. De minister van justitie wordt geïnformeerd vanwege 'het nationale belang' van de politie-actie. Ook het luchtruim boven Den Haag wordt gesloten. Om half tien liggen mannen in blauwe pakken op een plat dak. Het zijn gespecialiseerde scherpschutters van de Brigade Speciale Beveiligingen (BSB) van de Koninklijke Marechaussee. Vervolgens ontstaat een urenlange status quo. De Haagse autoriteiten beleggen in de loop van de ochtend een persconferentie en de middag begint met een speech van de minister-president, waarin hij spreekt over 'meer zorgwekkende uitingen van onverdraagzaamheid en geweld.' Het is dan inmiddels half twee. Ziekenhuizen zijn voorbereid op een groot aantal gewonden. Nederland houdt de adem in. De media doen onophoudelijk verslag. Om vijf minuten over half vijf klinken er plotseling weer schoten in de Antheunisstraat en wordt met een bliksemactie een einde gemaakt aan de belegering. Het terroristenpand wordt overrompeld. In de verhitte wijk breken relletjes uit tussen extreem-rechtse jongeren en moslims. De politie doorzoekt - bevreesd voor explosieven - de woning met een robot. Televisiecamera's leggen vast hoe twee mannen in de boeien worden geslagen en worden afgevoerd. Eén van hen is door een kogel in zijn schouder getroffen. Het is Jason W. (19) uit Amersfoort.

Ook in *Maliesingel 2* heeft de televisie de hele dag aangestaan. Alle aanwezige medewerkers willen - voor zover het werk het toelaat - geen seconde missen van de gespannen situatie in de Hofstad. Zo ook Robert Maanicus. Hij heeft een voorgevoel. Aan het eind van de middag, wanneer de terroristen voor het oog van de wereld een politiebusje binnen worden geduwd, roept hij eerst zachtjes en vervolgens luider: 'Volgens mij is het Jason W.!' De anderen kijken hem verbouwereerd aan.

Maanicus kan zich haarscherp herinneren dat Jason hem onlangs nog een adreswijziging heeft gestuurd. Van Amersfoort naar Den Haag. Hij gebaart het secretariaat om het adressenbestand te doorzoeken. Even later blijkt dat hij inderdaad gelijk heeft. Jason W. is recent verhuisd naar de Haagse Antheunisstraat. 'Wel heb ik jou daar,' zegt de advocaat.

Jason W. kwam bij toeval bij *Maliesingel 2* terecht. Dat was ruim vóór de moord op Theo van Gogh, maar ná de aanslagen op het WTC in New York op 9/11. Aan het einde van een drukke dag kwam er een fax binnen van de piketcentrale. Dat is de organisatie die zorgt dat verdachten die geen eigen advocaat hebben van rechtsbijstand worden voorzien. Op de inverzekeringstelling, die aangeeft waar een verdachte van wordt beschuldigd, stond een aantal vreemde wetsartikelen. Een blik in het wetboek leerde dat het om feiten ging die te maken hadden met de kort geleden ingevoerde terrorismewetgeving. De verdachte bevond zich op het politiebureau in Amersfoort. Maanicus kon Jason W. nog mooi voor het avondeten voor het eerst bezoeken. Hij ontmoette een keurige jongen met een helder verhaal. De jongeman had zich bekeerd tot de islam. Bij een kennis van hem, ene Samir A., waren verdachte geschriften over de koran gevonden. Ook waren er flesjes met vloeistoffen in beslag genomen waarmee - mogelijk -bommen gemaakt konden worden. Het openbaar ministerie bracht breeduit in het nieuws dat er een aantal radicale terroristen was aangehouden. Zij waren van plan om aanslagen te plegen op belangrijke gebouwen in Nederland. Een verschrikkelijke terreurdaad was volgens de autoriteiten op het nippertje voorkomen. Een (inter)nationale ramp was verijdeld. Twee dagen later werd de verdachte van *Maliesingel 2* voorgeleid bij de rechter-commissaris in Rotterdam. Er lag een dik dossier klaar. Al lezende werd duidelijk dat Jason wellicht een keer langs was geweest in het huis van de chemische stoffen en dat hij geïnteresseerd was in de koran. Maar het was niet meer dan dat. Ook niet minder. Jason moest als laatste in het rijtje van vermeende terroristen bij de rechter-commissaris verschijnen. De voorlopige hechtenissen van de andere verdachten werden allemaal verlengd. Allemaal werden ze ervan verdacht om lid te zijn van een criminele organisatie met een terroristisch oogmerk. De kans dat ook Jason in bewaring zou worden gesteld, was bijna honderd procent. Maar in de optiek van Robert Maanicus was er onvoldoende verdenking tegen hem. De aangetroffen stoffen waren gewoon bij de drogist te verkrijgen en zonder een aantal andere gevaarlijke stoffen ongeschikt een explosie te veroorzaken. En lid van een terreurgroep? Jason? Onzin! Na enige aarzeling schaarde de rechter-commissaris zich achter het pleidooi van de advocaat en gaf hem tot ieders verrassing gelijk. Jason werd als enige verdachte onmiddellijk in vrijheid gesteld.

Het is 10 november 2004. Half tien 's avonds. Robert Maanicus weet dat er namens Jason W. nog diezelfde avond gebeld zal worden en is dus op kantoor gebleven. De telefoon gaat inderdaad. De Nationale Recherche belt. De advocaat maakt een afspraak voor de volgende morgen. Vanuit zijn auto stuurt hij Ausma en De Jong een sms: Bingo!

Hoofdstuk 11: Heroes

De man zit in de kluiskamer. Hij heeft de aantekeningen van het uitgebreide interview dat hij die dag met Willem Jan Ausma heeft gehad naast zich op de tafel liggen. Ze hebben urenlang met elkaar gesproken over het leven, de loopbaan en de toekomstplannen van de strafpleiter. Een gesprek over dromen en werkelijkheid. Over passie en psyche. Over uiterlijk en innerlijk. De man pakt de laptop uit zijn koffertje en begint te typen. De stilte in de kluiskamer is overweldigend, denkt de man.

Willem Jan Ausma wordt geboren op 26 april 1968. Zijn sterrenbeeld is dus stier.

Ausma: ' Dat verklaart misschien waarom mensen mij vriendelijk, warm en charmant vinden. Maar ook koppig en soms wat zwaar op de hand.'

Zijn wieg staat in Leeuwarden. Ausma is dus een rasechte Fries. Hij vindt zichzelf beminnelijk en trouw.

Ausma: 'Ik ben een harde werker. Ik hou van luxe en gezelligheid en omarm het leven als een godsgeschenk.'

De advocaat is een gevoelsmens. In zijn tienerjaren staat de muziek centraal. Het mooiste nummer dat ooit op een plaat is gezet, is volgens hem 'Heroes' van David Bowie.

Ausma: 'Ik was discjockey en had zelfs een eigen radiostation: Radio Desperado. Het groeide in de jaren tachtig uit tot een populaire zender in het noorden des lands. Ik heb als deejay ook veel gedraaid in discotheken. Met een eigen drive-inshow. Het was een prachtige tijd. Misschien wel de tijd van m'n leven. Alles kon, alles mocht. Het aan-elkaar-praten van plaatjes komt me overigens in de rechtszaal nog altijd goed van pas!'

In Groningen studeert hij rechten.

Ausma: 'M'n universiteit staat nog steeds bekend om zijn goede strafrechttak.'

Ausma weet wat hij wil. Dat is altijd al zo geweest. Als 27-jarige strijkt hij als beginnend advocaat neer in de randstad. Daar moet hij zijn om zijn ambities te laten slagen, voelt hij. Via Rotterdam en Nieuwegein komt de pleiter in Utrecht terecht. Vol zelfvertrouwen.

Ausma: 'Je zult mij nooit horen zeggen dat ik minder sterke kanten heb. In een strafzaak moeten minder sterke punten tenslotte ook worden omgebogen in overtuigende argumenten om je gelijk te behalen.'

Maliesingel 2 is een jongensdroom.

Ausma: 'We hebben nu een stuk of twintig medewerkers en ons kantoor is uitgegroeid tot de geoliede machine die ik altijd voor ogen heb gehad. Maar het begin was moeilijk en dan druk ik mij nog gematigd uit. Ik moest enorme investeringen doen in een tijd dat ik nog precies wist hoeveel geld er in m'n portemonnee zat. De financiële risico's waren zo groot dat ik er erg slecht van heb geslapen. Als ik al sliep... De jongensdroom dreigde aanvankelijk een nachtmerrie te worden, maar De Jong en ik hebben het gered. Een kwestie van geluk, kwaliteit en wilskracht. In willekeurige volgorde.'

Ausma besteedt veel aandacht aan zijn uiterlijk.

Ausma: 'Ik vind het belangrijk om er goed verzorgd uit te zien. Dat eis ik ook van ons personeel. Daarbij probeer ik mij duidelijk te profileren. Dat is niet alleen leuk, maar ook nuttig. Je moet herkenbaar zijn in dit vak. Daarom ben ik erg tevreden met mijn bijnaam: *De Blonde*. Dat is geen kwestie van ijdelheid maar van efficiëntie en ambitie.'

De zwager van de advocaat is importeur van stijlvolle, Italiaanse maatpakken. Geluk dwing je af.

Ausma: 'Kostuums van Corneliani zijn het helemaal voor mij. Ze zitten altijd mooi én lekker. Het liefst combineer ik zo'n pak met een opvallende felgekleurde stropdas. Je moet je blijven onderscheiden, hè. In ons métier ben ik niet de enige Corneliani-liefhebber.'

Maar Ausma is in wezen meer geïnteresseerd in het innerlijk dan het uiterlijk van de mens. Net als de man.

Ausma: 'Ik verdiep me graag in de mens achter de mens. Dat geldt absoluut ook voor cliënten. Ik neem altijd uitgebreid de tijd om ook over andere dingen dan 'de zaak' met ze te praten. Dat vind ik het mooie van het strafrecht. Het gaat om mensen en niet alleen maar om geld of punten en komma's in een contract. Verdachten moeten ook een goed gevoel hebben bij hun advocaat. Dat verdienen ze als ze je inschakelen en dat probeer ik ze dan ook te geven. Vaak ben je maandenlang één van de weinigen - zo niet de enige - die hun steun en toeverlaat is. Dat willen andere raadslieden nog wel eens vergeten, hoor ik van cliënten die van een ander kantoor naar ons zijn overgestapt.'

Willem Jan Ausma is spiritueel. Zijn gedachten zijn altijd op zoek naar verdieping. Niet alleen als hij de kern van een dossier probeert te doorgronden. Of als hij op een warme zomerdag op een terrasje om zich heen kijkt. Of als hij met De Jong beslissingen neemt. Of als hij zich 's morgens vroeg scheert en zichzelf in de spiegel in de ogen kijkt. Maar ook als hem wordt gevraagd wie zijn grote voorbeeld is.

Ausma: 'Jezus. Niet dat ik zo gelovig ben, maar die man was geweldig.'

De man leest z'n notities na. Slechts één vraag is onbeantwoord gebleven: Wat is je mooiste bezit? Dat komt later, als je klaar bent, had de advocaat tijdens het interview gezegd. De man sluit zijn laptop en stopt de computer met aandacht terug in het koffertje. Vervolgens pakt hij zijn GSM en SMS't Ausma: 'ready'. Dat had de advocaat hem aan het eind van hun gesprek gevraagd. 'Geef me een seintje als je klaar bent en loop dan op je gemak naar buiten. Wacht op de stoep en let vervolgens goed op,' zei hij schalks.

De man verlaat de kluiskamer. Het kantoorrumoer waait als een warme zomerwind langs zijn gezicht. De secretaresses zwaaien hem uit; hij is inmiddels een vertrouwde gast. Onze schrijver, noemen ze hem. Buiten op het bordes blijft hij staan. De zon schijnt. *Maliesingel 2* ligt aan de rand van het centrum. Het stadsleven lonkt. De uitvalswegen naar de snelweg bieden een andere route naar een andere vrijheid. Het leven is mooi, denkt de man. In gedachten staart hij voor zich uit.

De verschijning van de Jaguar XF heeft hetzelfde effect als een claxon. De man schrikt en is direkt bij de les. Ausma rijdt de glimmende wagen de stoep op; de advocaat zit glunderend achter het stuur. De man heeft genoeg verstand van auto's om te weten dat 'de XF' nog niet te koop is op de Nederlandse markt. Hij opent het portier en stapt in.
Ausma: 'Wat een plaatje, hè?'
De man: 'Ik wist niet dat hij al te koop was.'
Ausma: 'Vanaf morgen. Daarom heb ik je gevraagd om vandaag te komen.'
De man: 'Ben je de eerste in Nederland met een Jaguar XF?'
Ausma: 'Eén van de eersten...'
De man: 'Hoe heb je dat voor elkaar gekregen?'
Ausma: 'Ik werd door m'n vaste dealer uitgenodigd voor de autobeurs in Frankfurt. De Jong en ik zijn er samen naar toe gegaan. Per trein want ik verwachtte veel champagne. En dat bleek terecht. We kregen veel champagne. Ondertussen waren we getuige van de onthulling van de nieuwe 'jag'. Een keurige speech van een Duitse hoogheid... het openen van de grote deuren van

de showroom... muziek... en vervolgens de schitterende wagen. Een 4-deurs coupé. Dé xf. Ik was onmiddellijk verkocht. En de auto ook!'

De man: 'Wat maakt deze auto nou zo bijzonder voor jou?'

Ausma: ' De xf belichaamt de filosofie van beautiful, fast cars. Sportieve luxe! Het profiel is atletisch en assertief. De vormgeving is gespierd onder zijn zachte contouren. Net als de mensen die de auto besturen, is de xf eigenzinnig en zelfverzekerd.'

De man: 'En jij hebt Jezus als je grote voorbeeld!?'

Ausma: 'Absoluut.'

De man: 'Ausma, je blijft me verwonderen.'

De advocaat start de motor; de xf glijdt van de stoep de straat op. Bij de stoplichten rijdt hij rechtdoor. Hij volgt de singel. Door de bochten. Geruisloos. Als in een droom. Bij een grote kruising slaan ze rechtsaf en even later voegt Ausma in op de a27.

Ausma: 'Duitsland?'

De man: 'Duitsland. Even écht rijden.'

Ausma: 'Ken je de Duitse versie van Heroes?'

De man: 'Helden. Nur für ein Tag.'

Hoofdstuk 12: Cor

De meeste medewerkers betreden en verlaten *Maliesingel 2* door de achteruitgang. Ze komen en gaan via de binnenplaats, die niet alleen als terras maar ook als fietsenstalling dienst doet. De voordeur van het statige kantoorpand wordt vooral gebruikt door (potentiële) cliënten, hun familieleden en andere zakelijke relaties.

Wanneer de deurbel gaat, treedt een vaste procedure in werking om ervoor te zorgen dat alleen personen die welkom zijn binnen komen. De drempel moet laag, maar ook hoog zijn. Het secretariaat heeft instructies die aan helderheid niets te wensen overlaten.

Op een zonnige lentemiddag belt een oude, wat slonzige figuur aan. Zijn bezoek is onaangekondigd. Hij ziet er bezweet uit en staat opzichtig te hijgen. Zijn fiets - een rammelkast - heeft hij onderaan de stenen trap op het trottoir laten staan. Als de secretaresse hem ziet staan, verschijnt er een glimlach op haar gezicht. Ze opent de deur verder en begroet de bezoeker hartelijk: 'Cor! Jij hier?' De man is van middelbare leeftijd en al jarenlang een trouwe klant van het kantoor. Een stamgast, in horeca-termen. Een veelpleger, in juridisch jargon. Cor is geen zware jongen, maar hij maakt het de wereld en zichzelf al veertig jaar erg zwaar. 'Wat kom je doen?' vraagt de secretaresse verbaasd. Cor heeft geen afspraak en ook geen lopende rechtszaak voor zover ze weet. Cor weet het wel. Hij is niet voor niets vanuit Amersfoort naar Utrecht komen fietsen. Naar adem happend vertelt hij waarom hij bijna dertig kilometer in de benen heeft: 'Ik kom *De Blonde* bedanken voor de spulletjes. Is hij er misschien?'

Ausma heeft een zwak voor Cor, die al sinds zijn twaalfde drugs gebruikt. Hij heeft meer dan de helft van zijn leven in de gevangenis doorgebracht, omdat hij zijn verslaving bekostigt door middel van criminaliteit. De strafpleiter heeft hem al vele malen verdedigd in de rechtszaal. Iedere keer probeert Cor iets van zijn leven te maken. Telkens belooft hij om voortaan alleen nog maar het rechte pad te zullen bewandelen. Steeds krijgt hij kansen en behandelingen, maar steevast gaat het mis en kan de inmiddels 52-jarige junk - terug op straat - de verleidingen niet weerstaan en gaat hij opnieuw de mist in. Dan komt er voor de zoveelste keer een telefoontje bij *Maliesingel 2* binnen met de vraag om Cor bij te staan en er zijn kantoorgenoten die hun wenkbrauwen wel eens fronsen bij het feit dat dit verzoek standaard wordt ingewilligd. Wat heb je eraan? Wat levert het op? Er valt toch geen enkele juridische eer aan te behalen? Maar Ausma kent geen twijfel en verdedigt Cor (en zichzelf) tegen de interne kritiek: 'Omdat hij ons trouw blijft, blijf ik ook trouw aan hem. Ik ben één van de weinige mensen op deze wereld die hem goed kent en waarin hij nog vertrouwen heeft. De uitdaging is niet de juridische maar de menselijke kant van de zaak. Ook daarvoor ben ik advocaat geworden. Ook mensen als Cor moeten welkom zijn in *Maliesingel 2*.'

De secretaresse weet niet over welke 'spulletjes' Cor het heeft als hij voor de deur staat; ze laat hem zonder er naar te vragen binnen. De puffende en kreunende vagebond kent de weg en loopt rechtreeks door naar beneden, naar het souterrain, waar hij om koffie en om een groot glas koud water vraagt. 'Of heb je misschien een biertje voor me?' De secretaresse schudt het hoofd: 'Nee Cor, *Maliesingel 2* is nog altijd een keurig kantoor en geen kroeg.' Ze loopt naar de kamer van Ausma en vertelt wie er - onverwachts - is opgedoken en dat hij voor 'spulletjes' komt bedanken. Ausma reageert allesbehalve verbaasd. Hij vraagt de secretaresse om Cor iets te drinken te geven. 'Geen biertje, hoor!' roept hij haar na als ze de kamer hoofdschuddend verlaat.

Tien jaar geleden schudde Ausma Cor voor het eerst de hand op politiebureau Paardenveld in Utrecht. Cor was een mager scharminkel, opvliegend en behoorlijk agressief. Hij zat toen al zo'n dertig jaar 'in de shit'. Steeds weer kwam het bij hem op hetzelfde neer. Hij kende een truc - een crimineel foefje dat bijna altijd werkte - om aan geld te komen. Dat werkte als volgt. Cor ging overdag een willekeurig kantoorgebouw binnen en deed zich zonder blikken of blozen voor als verwarmingsmonteur. Vaak had hij gereedschap bij zich en leek hij dus echt op een vakman. Soms haalde hij zelfs professioneel een deel uit het systeemplafond om het nog echter te laten lijken. Hondsbrutaal natuurlijk, maar ook erg doeltreffend. In werkelijkheid kwam hij uiteraard voor iets anders. Eenmaal binnen had hij de vrije hand. Dan stak hij vliegensvlug de inhoud van de jassen en tassen van de personeelsleden in zijn zak. Meestal ging het goed en kon hij ongemerkt het pand weer verlaten. Maar soms kwam iemand er achter voordat hij verdwenen was. Dat leidde tot wilde achtervolgingen, heftige discussies, ernstige bedreigingen en een eindeloze reeks veroordelingen.

Ausma kon als advocaat weinig aan de situatie van Cor veranderen. Deze bleef uitzichtloos. De mogelijkheden van de reclassering en de hulpverlening waren allemaal uitgeput. Het was echt hopeloos. Totdat er op een dag een wonder geschiedde. Vanuit verslavingszorg werd een nieuw project opgestart, speciaal voor mensen zoals Cor, die behalve verslaafd en crimineel ook onbehandelbaar en onhandelbaar zijn. Kern van de aanpak was een zeer intensieve begeleiding. De patiënten - want dat zijn het - werden dagelijks bezocht en daadwerkelijk geholpen met hun grote en kleine problemen. Cor kreeg een fenomenale begeleidster toegewezen: Monique. Ze wist zijn vertrouwen te winnen en kreeg met haar engelengeduld het onmogelijke voor elkaar. Cor liet zich door haar overreden en werd overgebracht naar een Forensisch Psychiatrische Kliniek. Het verblijf en de behandeling verliepen dankzij haar nu ineens wél goed en met vallen en opstaan dwong Cor na verloop van tijd zelfs een eigen woning af. Een begeleide woonvorm in Amersfoort. Cor kreeg de kans om zijn leven alsnog een positieve wending te geven. Maar helaas, er was een probleem. Om het huis te bemachtigen moest hij aan een strenge voorwaarde voldoen. Hij moest in het bezit zijn van een stoel, een tafel en een bed en dat had Cor niet.

Hij had helemaal niets. Zijn geld - dat dankzij Monique niet meer op ging aan drugs - ging tegenwoordig voor het grootste deel naar het Centraal Justitieel Incasso Bureau - het beruchte CJIB - om de slachtoffers van zijn diefstallen terug te betalen. Cor zat opnieuw, maar nu anders, in zak en as. Gelukkig kreeg hij een ingeving. Hij belde naar Ausma. De advocaat luisterde goed en vond dat Cor deze kans niet mocht worden ontnomen. Hij zei dat Cor voor een bepaald bedrag een stoel, een tafel en een bed uit mocht zoeken. Dat liet de ex-junk zich geen tweede keer zeggen. Hij ging gelijk aan de slag en vond een mooi en betaalbaar meubilairtje. Binnen het budget. Ausma regelde de financiering en de volgende dag werd alles keurig in de woning van Cor afgeleverd. Dat was gisteren.

Cor zit - trots als een pauw - in het souterrain. Hij is van Amersfoort naar Utrecht gefietst om Ausma te bedanken voor de meubelstukken. Dankzij de gift van de advocaat heeft hij nu een eigen dak boven zijn hoofd en - voor het eerst in zijn leven - een toekomstperspectief. Hij geniet van de koffie en het water en is al weer bijna op adem als de advocaat bij hem aanschuift. Cor vertelt honderduit over hoe aardig Monique, hoe mooi Amersfoort en hoe zacht zijn bed is. 'We hebben wat te vieren,' zegt Ausma en hij trekt de koelkast open. Samen proosten ze op het leven. De nodige biertjes later zwaait de advocaat zijn unieke cliënt vanaf het bordes uit. De secretaresse is naast hem komen staan. Ze ruikt de alcohol. Soms tóch een kroeg, denkt ze grinnikend. Samen kijken ze toe hoe Cor zwalkend wegfietst. Richting Amersfoort. Zijn definitieve vrijheid tegemoet.

Hoofdstuk 13: RTL Boulevard

Via de achterdeur van *Maliesingel 2* komt De Jong binnen. Het is aan zijn gezichtsuitdrukking te zien dat hij allesbehalve vrolijk is. Zojuist heeft hij weer een harde strijd uitgevochten in de rechtszaal. Tot zijn grote ergernis is het voorarrest van een cliënt - 'tegen wie geen spat bewijs is' - met dertig dagen verlengd. Terwijl hij driftig richting trap beent, vraagt hij luider dan normaal aan de aanwezige personeelsleden of Ausma op kantoor is. Hij wil zijn woede met hem delen. Het collectieve antwoord van de medewerkers verrast de advocaat: 'Sssssst....' Even later begrijpt hij de opmerkelijke reactie. Dan ziet hij Ausma - stralend en in zijn mooiste pak - van de trap af schrijden. Een cameraploeg en een regisseur lopen achterwaarts voor hem uit. 'Waar zijn die lui van?' vraagt De Jong nu zachtjes aan een van de secretaresses. 'Van RTL Boulevard,' fluistert ze terug.

RTL Boulevard schrijft sinds enkele jaren televisiegeschiedenis in Nederland. Met hun gouden formule, waarin informatie en entertainment moeiteloos samengaan, hebben de programmamakers de vooravond in televisieland naar hun hand gezet. 'Crime' is een vast onderdeel in het magazine. John van den Heuvel schuift als misdaadexpert regelmatig aan naast Albert Verlinde en Daphne Bunskoek.

Vandaag heeft RTL Boulevard een item over het uiterlijk van 'de nieuwe lichting' strafpleiters in Nederland. Het gaat vooral om hun kleding. De dure maatkostuums, waarin de glamouradvocaten steevast te bewonderen zijn, bevestigen hun imago van stijlvolle grootverdieners. De meesten dragen Corneliani-pakken. Eén van de geportretteerden is Willem Jan Ausma. Ook hij draagt Corneliani. Zijn zwager Kees is de Nederlandse importeur van de Italiaanse kwaliteitskostuums. Ausma is prominent in beeld en komt uitgebreid aan het woord in het filmpje. De buitenkant van *Maliesingel 2* wordt ook nadrukkelijk getoond. Het bevestigt het beeld dat het advocatenkantoor tot de Nederlandse top behoort.

In de studio praten Daphne, Albert en John na het filmpje door over het onderwerp.

Daphne Bunskoek: 'John, jij draagt ook altijd Cornelianikostuums. Wat maakt deze Italiaanse pakken nou zo bijzonder?'
John van den Heuvel: 'Het is mijn favoriete merk, omdat het een mooie pasvorm combineert met comfortabel dragen. Het is confectie maar voelt voor mij als een maatpak. Ik heb uiteraard ook wel andere merken geprobeerd als Boss, Van Gils, Strellson, etcetera, maar Corneliani is voor mij toch echt nummer één.'
Daphne Bunskoek: 'Hoe ben je ermee in aanraking gekomen?'
John van den Heuvel: 'Via Wilfred Genee kwam ik in contact met Kees, de importeur van Corneliani in Nederland. We raakten aan de praat en hij vond het leuk om mijn kleding voor tv te gaan verzorgen. Ik ben er erg blij mee want Corneliani sluit goed aan bij mijn persoonlijke smaak.'
Albert Verlinde: 'John, wat vind je nou van advocaten die slécht gekleed door het leven gaan?'
John van den Heuvel: 'Ik heb daar geen waarde-oordeel over. Ik ken slecht verzorgde advocaten, die toch uitstekend in hun werk zijn. Een mooi pak alleen zegt niets over de kwaliteit van iemands werk, maar het kán wel een indicatie zijn.'
Daphne Bunskoek: 'Is de manier waarop je je kleedt belangrijk voor een strafpleiter met ambities?'
John van den Heuvel: 'Niet alleen voor een advocaat, maar voor een ieder die zich naar buiten toe moet presenteren is kleding en uiterlijke verzorging belangrijk. Je wordt er vaak als eerste op beoordeeld.'
Albert Verlinde: 'Nog één vraag, John. Er zijn toch ook vrouwelijke strafpleiters? Wat dragen die onder hun toga?'
John van den Heuvel: 'Ik zou het niet weten... Maar in ieder geval geen Corneliani!'

In Maliesingel 2 heeft een deel van het personeel in het souterrain naar de uitzending van RTL BOULEVARD gekeken. Na afloop van het item is de stemming opperbest. Ausma krijgt een SMS van zijn zwager: THX! Kees. De advocaat verstuurt op zijn beurt een berichtje naar John van den Heuvel: THX! Willem Jan. Intussen loopt De Jong - ook in een outfit van Corneliani - naar de koelkast en pakt er enkele flessen champagne uit. De kurken schieten in een mum van tijd tegen het plafond. Succes is een combinatie van kwaliteit, durf, geluk en goede contacten, denkt Ausma en hij kijkt naar De Jong. Het leven is mooi als je succes hebt, denkt De Jong en hij kijkt naar Ausma. Ze geven elkaar een knipoog. Proost!

Hoofdstuk 14: Smokkel in het Pieter Baan Centrum

Maliesingel 2 kampt met een ongebruikelijk probleem. Een cliënt die is opgenomen in het Pieter Baan Centrum is in hongersta- king gegaan. Hij weigert te eten uit protest tegen de psycholo- gische en psychiatrische onderzoeken waar hij - tegen zijn zin - aan bloot wordt gesteld. Het is een onorthodoxe situatie die om een even onorthodoxe oplossing vraagt. De cliënt heet Pascal F. Hij wordt onder andere verdacht van één van de meest schok- kende moorden waarmee de stad Utrecht de afgelopen jaren werd geconfronteerd.

Op 1 oktober 2002 werd de 25-jarige Nadia van der Ven 's morgens met een UZI doodgeschoten in het studentenhuis aan de Weerd- singel waar ze een kamer huurde. Pascal F. was haar huurbaas; hij woonde zelf op de begane grond. Uitgerekend daar - in zijn appartement - werd de jonge studente 's avonds door de politie gevonden. De deur was afgesloten. De sleutel zat niet in het slot. Er waren geen sporen van braak en Pascal zelf was spoorloos. In de gang lag bloed. Later bleek dat er daar drie keer op haar geschoten was, waarna ze naar binnen was gesleept. Tenslotte waren er in de kamer van Pascal nog drie kogels op haar afge- vuurd. Een ruzie over een wasmachine zou aan het drama vooraf zijn gegaan.

Het duurde bijna vier maanden voor Pascal F. werd gearresteerd. Hij bleek in Polen ondergedoken te hebben gezeten, maar het geld was op en hij wilde daarom in het geniep het pand aan de Weerdsingel verkopen. Daarvoor was echter zijn handteke- ning nodig en moest hij dus heel even naar Nederland komen. In gezelschap van zijn vader - die hem van het station ophaalde - werd hij in de boeien geslagen. Vader F. werd al maandenlang afgeluisterd en geobserveerd door de recherche. Vandaar. Tegenover de politie verklaarde Pascal dat hij zich niets meer van 1 oktober 2002 kon herinneren.

Drie maanden na zijn aanhouding kwam het openbaar ministerie plotseling met een tweede aanklacht op de proppen. Uit onderzoek was vast komen te staan dat het vuurwapen waarmee Nadia was doodgeschoten zeven jaar daarvoor ook al was gebruikt bij een andere moord. Op 29 november 1995 werd in Ede de 31-jarige Anton Bussing in zijn auto geliquideerd. Hij was van dichtbij - door het portierraam - doodgeschoten. Met de UZI van Pascal F., volgens justitie.

De verdachte ontkende de beide moorden pertinent. Tijdens het strafproces zond de rechter Pascal F. desalniettemin naar het Pieter Baan Centrum (PBC) om zijn psyche te laten onderzoeken.

Het PBC observeert verdachten van ernstige misdrijven aan de lopende band. Zeven dagen per week. Vierentwintig uur per dag. Ze worden er psychologisch en psychiatrisch onderzocht. Lijden ze aan een stoornis? Is deze van invloed geweest op het plegen van het delikt? Was de dader op dat moment volledig toerekeningsvatbaar? Hoe groot is de kans op herhaling? Dat soort vragen dienen te worden beantwoord. De verdachten worden er in korte tijd compleet binnenstebuiten gekeerd. Iedere stap die ze zetten wordt door een legertje wetenschappers en andere medewerkers op de voet gevolgd. Vooral ontkennende verdachten zitten in een lastige positie. Ze worden onderzocht vanwege een misdrijf waarvan ze zeggen dat ze het helemaal niet hebben gepleegd! Het is een bizarre situatie die door gerenommeerde experts allang als zeer omstreden wordt bestempeld. Ausma en De Jong waarschuwen hun cliënten altijd heel nadrukkelijk voor de gang van zaken in het gevreesde forensische instituut waar de TBS-adviezen als warme broodjes over de toonbank gaan.

'Wees continu op je hoede, waar je ook gaat of staat,' leggen ze steevast uit, 'want iedereen wordt overal en altijd begluurd en uitgedaagd. Of je nou gaat sporten, alleen maar wat staat te praten op de gang of dat je eten gaat halen, denk eraan dat je permanent in de gaten wordt gehouden. Ze proberen je op alle mogelijke manieren uit de tent te lokken. Niet alleen via de personeelsleden van wie je het kunt verwachten, maar ook via de bewaarders en zelfs via medegedetineerden word je geprikkeld, en van al die contacten worden rapporten opgemaakt, keihard en met verstrekkende gevolgen. Kijk dus goed uit wat je doet en wat je zegt, alles kan tegen je worden gebruikt, en geloof ons, dat gebeurt.'

Pascal F. heeft goed naar zijn advocaten geluisterd. Hij heeft als ontkennende verdachte besloten om niet mee te werken aan welk onderzoek dan ook in het Pieter Baan Centrum. Op geen enkele manier. Ze kunnen de pot op, zegt hij. De verdachte onttrekt zich aan alles. Hij neemt geen enkel risico. Hij wil ze iedere kans ontnemen om zinnig over zijn gedrag te rapporteren. Hij doet gewoon helemaal niets. Hij gaat daarin heel ver, uitzonderlijk ver. Terwijl het kwik oploopt tot zo'n dertig graden celsius - buiten is het hartje zomer - verstopt Pascal zich met zijn kleren aan onder de dekens. Urenlang. Hij komt zelfs zijn cel niet uit om te eten. Zo ver is hij bereid om te gaan. Liever de hongerdood dan het risico om levenslang te worden opgesloten in een TBS-kliniek, zo redeneert hij. De onderzoekers zijn met stomheid geslagen. Zo'n extreme reactie hebben zij nog nooit meegemaakt. Het PBC zit met de hongerstaker behoorlijk in z'n maag.

Ausma en De Jong respekteren de zienswijze van hun cliënt. Als Pascal F. niet wil eten, dan is dat zijn eigen, vrije keuze. De advocaten beloven dat ze hem waar mogelijk zullen steunen. Dat beschouwen ze als hun taak. De klant is koning.

Het is middag, de zomerzon schijnt. De Jong stuurt zijn auto behendig door de stad. Het is maar een kleine drie kilometer rijden van de Maliesingel naar de Gansstraat, waar het PBC is gevestigd. De advocaat heeft eerst een kleine omweg gemaakt. Hij heeft zojuist bij een benzinestation wat witte bolletjes kaas en een flesje melk gekocht. Warme broodjes kroket zijn weliswaar lekkerder, vindt hij, maar in dit geval zijn ze minder praktisch in gebruik. Op de bijrijdersstoel ligt zijn attachékoffertje; hij heeft het lunchpakketje er veilig in opgeborgen. *De Kale* is onderweg naar Pascal F. Het stemt hem vrolijk. Hij is gek op avontuurtjes waarbij hij de overheid een hak kan zetten. De afgelopen dagen is Ausma steeds bij Pascal op bezoek geweest - ook met een koffertje met inhoud bij zich - en dat is steeds goed gegaan. Vandaag is De Jong aan de beurt. Ze weten wat ze doen. Ze hebben de situatie goed met elkaar doorgesproken. Een waarschuwing of klacht kan het gevolg zijn. Maar dan moet het wel spijkerhard bewezen worden en daar zullen ze voor waken.

De advocaat parkeert zijn auto en loopt nonchalant het PBC binnen. De portier knikt. De beveilingsmedewerkers kijken hem strak aan. De procedure is bekend. De advocaat legt zijn horloge, portemonnee, GSM en sleutelbos in een bakje. Het aktentas zet hij op de band. Normaal gesproken maken ze hem niet open. Anders kijken ze er nooit in. Maar vandaag wel.

Iedereen binnen het Pieter Baan Centrum kent inmiddels Pascal F. Iedereen weet dat hij al enige tijd elke vorm van voedsel weigert. Maar het is de kliniek tegelijkertijd ook opgevallen dat daar verder niets van te merken is. Uiterlijk is er niets aan de verdachte te zien. Het lijkt wel of de hongerstaker heimelijk toch eet. Ze beginnen te vermoeden dat zijn advocaten voedsel naar binnen smokkelen. De afgelopen dagen is Ausma iedere dag wel even langsgekomen en ze zien *Maliesingel 2* er kennelijk wel voor aan dat ze zich aan zoiets schuldig durven maken.

'Mogen we even in uw koffer kijken?' vraagt een van de beveiligers aan De Jong. 'Waarom dat ineens?' reageert de raadsman verbaasd, 'jullie hebben er nog nooit ingekeken. Maar als het moet, ga gerust je gang.' De security-medewerker opent het attachékoffertje en ziet de broodjes en de melk erin zitten. 'Goh, nog niet geluncht?' vraagt de man cynisch. De Jong geeft geen krimp. Hij kijkt de beveiliger recht in zijn ogen en antwoordt onderkoeld: 'Inderdaad, daar was ik nog niet aan toegekomen. Ik heb dit eten en drinken net gekocht bij een tankstation. Wil je het bonnetje misschien zien? Ik dacht, kom, ik eet het gauw even op als ik voor een stoplicht sta te wachten, maar die sprongen vandaag allemaal op groen. Maar hoezo? Heb je er problemen mee?' De bewaker mompelt iets onverstaanbaars en neemt het lunchpakketje tijdelijk in beslag. 'Als u weer weg gaat, krijgt u het terug,' zegt hij nu hardop. Het is duidelijk dat het voedsel niet mee naar binnen mag. De Jong accepteert het. Na een kort beleefdheidsbezoekje aan z'n hongerstakende cliënt keert hij terug naar kantoor. In de auto eet hij de broodjes zelf maar op. Melk lust hij niet.

De volgende morgen kiest Pascal F. in het Pieter Baan Centrum eieren voor zijn geld. Hij verlaat - heel even - zijn cel. Zonder ook maar iemand een blik waardig te keuren en zonder ook maar iets te zeggen, loopt hij naar de eetzaal. Hij pakt wat broodjes, beleg, melk en fruit. Dan draait hij zich weer om en schuifelt terug naar zijn cel. Hij zegt geen boe of bah. 's Middags belt hij naar *Maliesingel 2* en zegt tegen de telefoniste dat Ausma en De Jong niet meer elke dag langs hoeven te komen.

Na zeven weken wordt zijn verblijf in het Pieter Baan Centrum afgebroken. Door de rechtbank wordt hij voor de moorden op Nadia van der Ven én Anton Bussing veroordeeld tot levenslang. Geen TBS met dwangverpleging. Maar het hof denkt daar anders over. De raadsheren leggen Pascal F. 20 jaar gevangenisstraf plus TBS met dwangverpleging op. Alleen voor de moord op Nadia. Voor het andere misdrijf wordt hij vrijgesproken.

Hoofdstuk 15: Een lijk in een bos

Het is vroeg, nog heel vroeg. Langzaam gaat de nacht over in de dag. De Jong rijdt in de schemering over de A12 richting Utrecht. Hij tuurt geconcentreerd voor zich uit. Uit de speakers in zijn auto weerklinken de Rolling Stones. De advocaat zingt mee. Heart of Stone. Hij geniet. Iedere ochtend is hij op deze snelweg te vinden. Altijd tussen zes en zeven uur. Op weg naar *Maliesingel 2*.

Iedere werkdag komen Ausma en De Jong in alle vroegte samen op kantoor, ruim voor de andere medewerkers arriveren. Het is een gewoonte die er lang geleden in is geslopen, maar inmiddels koestert het duo deze ochtendsessies als een waardevolle traditie. Het is misschien wel één van de geheimen van hun succes. Elke morgen zitten ze vóór zeven uur in de kamer van Ausma tegenover elkaar. Hij heeft er onlangs zelfs speciaal een Espresso-apparaatje voor aangeschaft. Onder het genot van een kopje verse, Italiaanse koffie nemen ze de dag van gisteren en de dag die komen gaat door. Nieuwe cliënten. Zittingen. Lastige cliënten. Juridische haken en ogen. Strategieën. En soms vertelt Ausma een mop. De Jong nooit. Hij zou wel willen, maar hij kan het niet. Het zit niet in hem.

Vanmorgen is De Jong nog iets eerder vertrokken dan anders. Hij heeft Ausma per sms laten weten dat zij vandaag iets meer tijd nodig hebben. Gisteren heeft hij een verzoek gekregen dat het nodige overleg vraagt. *De Kale* stuurt zijn auto behendig over de slingerende Maliesingel en draait kort na half zeven met één handbeweging de parkeerplaats naast het kantoor op. Er brandt al licht in de werkkamer op de eerste etage aan de voorzijde van het kantoor. De Jong drukt zijn cd-speler uit en verlaat de auto.

De dampende Espresso's staan tussen hen in op het bureau. De rust is aangenaam. Stilte voor de storm. Ausma kijkt verwachtingsvol naar De Jong.

Ausma: 'Laten we eerst jouw kwestie bespreken. Wat is er aan de hand?'
De Jong: 'Stél dat ik gister het volgende verzoek heb gekregen. Stél. Wat vind jij dat wij daarmee moeten doen.'
Ausma: 'Stél?'
De Jong: 'Ja. Stél.'
Ausma: 'Oké, kom maar op.'

De Jong buigt zich naar voren en pakt zijn koffie. Hij laat bewust een korte stilte vallen. Behalve meester in de rechten is hij ook meester in het opbouwen van spanning.

De Jong: 'We zijn gistermiddag gebeld door een man die we eerder hebben bijgestaan als verdachte van een ernstig geweldsdelikt. Hij is toen veroordeeld. Hij vroeg om een onmiddellijke ontmoeting. Ik zei dat dat wel kon, maar dat hij dan naar *Maliesingel* 2 diende te komen. Een half uur later zat hij in de kluiskamer. De deur ging dicht. Hermetisch dicht, garandeerde ik hem. Hij vertelde dat hij iemand vermoord heeft. In één adem ging hij door. Hij noemde de naam van het slachtoffer en vertelde hoe hij het misdrijf gepleegd had. Hij zei alleen niet waarom. Hij legde uit waar hij het lijk in een bos had begraven en zei dat hij wilde vluchten naar een land waarmee Nederland geen uitleveringsverdrag heeft. Tenslotte vroeg hij mij of ik - na zijn vertrek - de politie wilde tippen over het stoffelijk overschot. Ik heb hem gezegd dat ik er een nachtje over wilde slapen en dat vond hij prima. Het lijk loopt niet weg, zei hij doodleuk. Wat vind jij dat we moeten doen?'
Ausma: 'Het doet me denken aan een moordzaak - waargebeurd - waarin een cliënt die was vrijgesproken mij ongevraagd vertelde dat hij het wél had gedaan. Veel later liep ik deze man toevallig nog eens tegen het lijf. Hij zag er slecht uit en vertrouwde mij toe dat het misdrijf hem niet los liet. Hij kon de moord niet van zich afschudden. Iedere dag werd hij er door achtervolgd.

Daar moet je de cliënt die zich gisteren heeft gemeld ook voor waarschuwen, vind ik.'

De Jong: 'Dit is een andere case. Hij komt straks langs om te vragen of we zijn verzoek inwilligen. Doen of niet doen?'

Ausma: 'Als ik me verplaats in de situatie van het slachtoffer en zijn nabestaanden, dan is het niet zo moeilijk. Iemand door een misdrijf verliezen is al vreselijk, maar jarenlang in onzekerheid leven over het lot van een spoorloos verdwenen dierbare is zo mogelijk nog erger. Dat pleit er voor om de recherche te tippen. Ik wil mezelf iedere ochtend in de spiegel kunnen aankijken.'

De Jong: 'Maar wij zijn geen advocaat geworden om de belangen van nabestaanden te dienen.'

Ausma: 'Je hebt gelijk. De klant is koning. Dat pleit er overigens óók voor om de politie te informeren.'

De Jong: 'Ik zie dat anders. Ik vind dat we een cliënt principieel nooit mogen aangeven. Op geen enkele manier. Het is in strijd met onze geheimhoudingsplicht.'

Ausma: 'Dit is anders. Hij vráágt het ons. Dan is er geen bezwaar, dan hoef je niet te worstelen met je beroepsgeheim.'

De Jong: 'Iets in mij zegt dat we het niet moeten doen. Het is ondefinieerbaar. Het druist gewoon te veel tegen mijn advocatennatuur in.'

Ausma: 'Oké, dan doen we het niet. De moord is tenslotte al gepleegd, daar kunnen we niets meer aan doen. Als hij naar het buitenland wil, moet hij dat vooral doen. Wijs hem wel op de psychische druk die de vlucht onvermijdelijk oplevert. Als hij wil weten met welke landen we geen uitleveringsverdrag hebben, dan kunnen we hem dat heel feitelijk meedelen. En als hij uiteindelijk toch in de problemen komt, weet hij waar hij ons kan vinden.'

De Jong: 'Prima. Heb jij nog iets?'

Ausma: 'Ja, ik heb een vraag. Waarom zei je stél toen je begon met je verhaal?'

De Jong: 'Voor jou een vraag, voor mij een weet.'

Hoofdstuk 16: Geert Wilders

Op vrijdag 28 september 2007 zit een man in de hal van de rechtbank in Breda. Het is de man. Zodadelijk wordt er uitspraak gedaan in een bijzondere strafzaak. Hij is er toevallig op geattendeerd. Het gaat om een delicaat strafproces dat tot dusver weinig aandacht heeft gekregen in de media. Dat is opmerkelijk, omdat het om een ernstig delikt gaat en omdat het slachtoffer niemand minder dan Geert Wilders is.

De verdachte is Selime I., een 34-jarige moslima van Turkse afkomst. Ze wordt er door het openbaar ministerie van beschuldigd dat ze de leider van de Partij voor de Vrijheid van 17 november 2006 tot 15 januari 2007 stelselmatig heeft bestookt met meer dan honderd haatmails waarin ze de politicus op niet mis te verstane wijze heeft bedreigd met de dood.

Selime I. verzond de kennelijk angstaanjagende dreigementen vanuit de openbare bibliotheek en het Centrum voor Werk en Inkomen in haar woonplaats Tilburg. Daar werd ze op heterdaad betrapt. Volgens de forensische deskundigen lijdt ze aan 'een ernstige psychopathologie' en is 'de prognose voor toekomstig gewelddadig gedrag zeer ongunstig.' Selime I. stalkte de Limburgse politicus omdat ze het niet eens is met zijn standpunten over de islam. De verdachte ontkent dat ze Wilders wilde doden: 'Ik heb hem nooit iets aan willen doen.' Op 14 september 2007 heeft de aanklager een jaar gevangenisstraf plus TBS met dwangverpleging tegen haar gevorderd.

Waarom stelt de pers zich tot nu toe zo terughoudend op in deze zaak? Is het op verzoek van het slachtoffer? Mogen anderen niet op vergelijkbare ideeën worden gebracht? Ligt het thema - geweld en islam - maatschappelijk té gevoelig? De man vraagt het zich allemaal af. Waarom eist het openbaar ministerie zo'n zware straf voor 'alleen maar' het verzenden van E-mails zonder enige aanwijzing dat de woorden ook in daden zouden worden omgezet?

Om half twee is het zover. Het vonnis is conform eis: een jaar celstraf en TBS. Voorzitter mr. Bakx: 'De verdachte heeft zich schuldig gemaakt aan stalking van Wilders. Blijkens de aangiften was Wilders bang dat de verdachte hem daadwerkelijk van het leven zal beroven. De berichten beïnvloedden zijn persoonlijk leven alsook zijn werk als lid van de Tweede Kamer.'

De man krabt zich achter z'n oren, vouwt z'n handen en legt ze tegen zijn mond. Peinzend staart hij voor zich uit. Ik moet de mediastilte doorbreken, denkt hij. Maar dat kan ik niet alleen, weet hij. Hij staat op en loopt naar buiten. Daar zet hij zijn GSM aan en belt Ausma. Hij vertelt de strafpleiter over de veroordeling van Selime I., die werd bijgestaan door een advocaat uit Rotterdam.
De man: 'Zware straf. Interessant slachtoffer. Amper pers. Ik wil er graag over schrijven, maar heb daarvoor de aangiften van Wilders en de mails van Selime I. nodig. Kun jij het hoger beroep niet naar je toe trekken?'
Ausma: 'Klinkt boeiend. Ik ga eens kijken wat ik kan doen. Weet jij in welk Huis van Bewaring ze zit?'

Binnen de kortste keren behoort Selime I. tot de cliëntèle van *Maliesingel 2.* Het kontakt is via een medegedetineerde - een andere, vrouwelijke klant van Ausma - tot stand gekomen. Ausma tekent spoorslags hoger beroep aan tegen het vonnis van de rechtbank in Breda.

Hoofdstuk 17: Seks en de dood

De Jong en Ausma zitten in De Librije in Zwolle. Het is al jaren hun lievelingsrestaurant. Ze eten er alleen bij speciale gelegenheden, als er iets te vieren is, en gelukkig is dat vaak. Normaal gesproken nemen ze hun vrouwen mee, maar vanavond zijn ze met z'n tweeën. Het idee om vanavond het geld weer eens de andere kant op te laten rollen, kwam die middag van Ausma. Hij opperde het echter zo spontaan en zo laat dat er 'thuis' niets meer te regelen viel. De Jong omarmde het voorstel direkt. Voor een etentje bij De Librije zegt hij in principe alles af. Bijna alles. Hij hoort vanavond wel van zijn 'soulmate' waar ze het aan verdiend hebben.

Een taxi heeft ze naar Zwolle gebracht en een taxi zal ze weer terugbrengen naar Utrecht. Ausma glundert. De Jong is de rust zelve. Hij geniet altijd minder zichtbaar. *De Blonde* en *De Kale* zitten tegenover elkaar in het statige etablissement. Het is een chique, elegante omgeving waar de advocaten zich thuis voelen en ongestoord kunnen praten.

De Jong: 'Okay, vertel me nou maar eens waar we dit etentje aan te danken hebben. Hebben we een nieuwe, welgestelde cliënt? Is er een grote, publiciteitsgevoelige zaak bij ons binnengekomen?'
Ausma: 'Nee, deze keer niet. Deze keer is het anders. Jij hebt het gewónnen.'
De Jong: 'Gewónnen? Ik? Wat heb ik gewonnen?'
Ausma: 'Een weddenschap.'
De Jong: 'Welke weddenschap?'
Ausma: 'Eddie B. Hij zit weer vast.'
De Jong: 'Neeee! Must be kidding! Is Eddie weer opgepakt?'
Ausma: 'Ja, vanmiddag, we werden gebeld. En jij hebt dat voorspeld. Jij zei indertijd dat Eddie - als hij de gevangenis uit mocht

- binnen de kortste keren weer binnen zou zijn. Dat het opnieuw mis zou gaan. Jij wist het zeker. Ik dacht van niet. Ik zei dat hij nooit meer in de gevangenis gezien zou worden. We hebben er om gewed.'

De Jong: 'Ja, ik weet het weer. Om een etentje in De Librije!'

Ausma: 'Op kosten van de zaak.'

De Jong: 'Ja dat kan ik me ook nog herinneren. Zo zeker was ik er nou ook weer niet van dat ik zou gaan winnen…'

Ausma: 'Kom, we nemen een wijntje.'

De Jong: 'Dus Eddie zit weer vast? Heeft hij weer iets uitge-spookt?'

Ausma: 'Eigenlijk niet. Het zit anders. Hij heeft opnieuw iets níet gedaan…'

Sinds 2004 beschikt De Librije over drie Michelin sterren. Alles in het restaurant draait om smaak.

De Jong: 'Als ik aan Eddie denk dan denk ik aan meteen aan…'

Ausma: 'Seks en de dood.'

De Jong: 'De twee dingen waarvan jij altijd zegt dat ze je er 's nachts voor wakker mogen maken.'

Ausma: 'Móeten maken.'

De Jong: 'En daarom ontfermde jij je over Eddie toen hij voor het eerst bij ons kantoor terecht kwam.'

Ausma: 'Het is niet anders. Ieder mens heeft z'n afwijkingen en fascinaties. Jij ook.'

De Jong: 'En Eddie zéker!'

Eddie B. kwam een aantal jaren geleden op voorspraak van een verslaafde prostituee - die al klant was - binnen bij *Maliesingel 2*. Hij was aangehouden op verdenking van meerdere ernstige strafbare feiten, die te maken hadden met - inderdaad - seks en de dood. Binnen de kortste keren was het dossier Eddie B. het gesprek van de dag op het advocatenkantoor. De feiten waren te bizar voor woorden. Ausma ging zo snel mogelijk bij de nieuwe cliënt op bezoek en trof op het politiebureau een totaal ontred-derde verdachte aan. Eddie B. zag het leven niet meer zitten. Hij klampte zich aan zijn raadsman vast. Letterlijk. Om nooit meer los te laten. Figuurlijk. 'U moet me helpen, meester Ausma,' smeekte hij huilend, ' u moet me helpen…ze waren zo lief… ik hield zo veel van ze... en nu zijn ze allebei dood…'

Ausma en De Jong eten traditioneel hetzelfde in De Librije. Vandaag nemen ze kalf als voorgerecht. Met warme mayonaise.

Er was eens een celliste, mooi en getalenteerd. Maar ze ging cocaïne gebruiken en belandde zo in de duistere wereld van de betaalde seks. Op een avond - het liep tegen sluitingstijd - zag ze vanuit haar ooghoeken een knappe man de tippelzone oprijden. Hij had krullen. Hij deed haar aan een bekende zanger denken. Ze had hem deze week al vaker gezien. Ze had gehoord dat hij goed spul verkocht, ook 'op de pof'. Ze stapte in en kreeg een sigaret en wat te drinken aangeboden. Hij zei niet veel. Ze vroeg of hij wat had om te gebruiken, maar zei er meteen bij dat ze geen geld had. Hij bood aan bij hem thuis wat te gaan nuttigen. Hij oogde betrouwbaar en zij stemde met zijn voorstel in. Zijn flat was rommelig, hij zei dat hij midden in een verhuizing zat. Er heerste een gemoedelijke sfeer. Nadat ze een witte wind door haar hersenen had laten waaien, kon ze zich sinds lange tijd weer ontspannen. Ze voelde zich thuis en toen hij de volgende ochtend vroeg of ze langer wilde blijven, stemde ze zonder aarzelen in. Het ontbijt had haar goed gedaan. Na twee stevige koppen koffie met veel suiker begon ze de kamer te ordenen en de keuken en douche te dweilen. Er kroop veel ongedierte rond. Ze gebruikte nog wat cocaïne. Toen kwamen de slaapkamers aan de beurt. Van één van de kamers was de deur dichtgetimmerd met twee planken. Hij zei dat daar kostbare spullen stonden. Er werd vaak ingebroken in de buurt en hij nam daarom geen enkel risico.

Als hoofdgerecht neemt het duo tongschar, met een omeletje van kalfsnier, in het uitlekvocht van De Parel van Dalfsen.

De dagen verstreken. Zij was weer gelukkig. Hij was weer gelukkig. Ze bespraken hoe zij haar cocaïnegebruik kon verminderen, zodat ze niet meer hoefde te tippelen. Hij had vaker met dit bijltje gehakt en haalde een oud recept uit de kast. Ongemerkt mixte hij geringe hoeveelheden seresta door haar vruchtensap-jes. Het miste zijn uitwerking niet. Haar behoefte werd met de dag minder, haar gebruik nam af. Ze begon zelfs weer cello te spelen. Maar soms had ze nog wat nodig om de steeds zonniger toekomst nog helderder te zien. Dan ging hij naar zijn dealer. De zesde dag na hun ontmoeting klaagde ze over heftige migraine-aanvallen. Ze dronk vruchtensap en ging vroeg naar bed. Als het morgen nog niet over was, zou ze een dokter raadplegen. Tussen de fikse hoestbuien door ademde ze zwaar. Hij kroop naast haar in bed. Ze vleide zich tegen hem aan en viel uiteindelijk in een diepe slaap. Midden in de nacht schrok hij wakker. Ze voelde koud aan en hij hoorde haar adem niet meer. Hij probeerde haar weer warm te krijgen en haar ademhaling op gang te brengen. Ze reageerde niet, ze werd kouder en kreeg een vreemde grauwe kleur. Hij riep haar naam. Hij drukte als een bezetene op haar borstkas en probeerde nogmaals leven in haar longen te blazen. Maar na een half uur wist hij het zeker. Ze was dood. Hij liet zijn tranen de vrije loop. Urenlang. Toen raakte hij in paniek. Een fatsoenlijke begrafenis kon hij niet betalen en hij had geen begrafenisverzekering. De politie waarschuwen durfde hij niet vanwege een eerdere veroordeling wegens handel in verdovende middelen. Hij had een proeftijd opgelegd gekregen, die nog niet was verstreken. Hij legde haar lichaam daarom in zijn auto en reed als een dolle rond. Langs het politiebureau, langs het zie-kenhuis. Uiteindelijk kwam hij bij een verlaten golfterrein te-recht. Hij parkeerde zijn auto, tilde haar uit z'n auto en legde het lijk half in het water. Zo zou ze zeker gevonden worden. Vol verdriet reed hij naar huis. In zijn flat aangekomen opende hij de deur van de met planken afgesloten slaapkamer. Een zwerm vliegen kwam hem tegemoet. Hij nam plaats op de stoel naast het bed. Een pluk haar stak boven de dekens uit. 'Eerst jij. Nu zij. Ik heb geen geluk,' prevelde hij. Eddie B. bad om vergeving.

Als nagerecht nemen de advocaten altijd soufflé.

Het lichaam bij het golfterrein werd nog dezelfde middag ge-vonden. Al snel kwam de politie Eddie op het spoor. Bij zijn arrestatie trof men een tweede stoffelijk overschot aan. Het lag al een maand of twee in de woning. Grondig onderzoek van beide lichamen bracht geen onnatuurlijke dood aan het licht. De vele stoffen die in de lichamen gevonden werden - vooral drugs - schiepen geen duidelijkheid over de doodsoorzaak. Toch werd Eddie B. beschuldigd van twee moorden. Bovendien werd de aanklacht uitgebreid met een aantal verkrachtingen van ándere prostituées, die tijdens het recherche-onderzoek als getuigen naar voren waren gekomen. Na een lang strafproces werd Eddie B. uiteindelijk door het hof vrijgesproken van de moorden, maar wel veroordeeld voor het wegmaken van de stoffelijke overschotten en de verkrachtingen. Hij kreeg vijf jaar onvoorwaardelijke gevangenisstraf opgelegd. Eddie zwoer na het proces dat hij zijn leven zou beteren en er alles aan zou doen om nooit meer strafrechtelijk in de problemen te komen. Ausma had er vertrouwen in. De Jong niet. Ze sloten zelfs een weddenschap af op de toekomst van Eddie B.

De Jong: 'Ik heb gesmuld. Het was heerlijk.'
Ausma: 'Dankzij Eddie.'
De Jong: 'Arme Eddie.'
Ausma: 'Ja, de aanleiding is een treurige.'
De Jong: 'Eerlijk gezegd wist ik niet dat zijn gevangenisstraf er al op zat. Wat is er mis gegaan. Waarom zitten wij hier?'
Ausma: 'Zijn straf is inderdaad nog niet afgelopen. Hij zit nog vast. Maar het ging zo goed met hem dat hij overdag al weer min of meer vrij was. Hij liep sindskort met een enkelbandje buiten en had werk gevonden. Ik sprak hem regelmatig, hij had het prima voor elkaar. Tot vandaag.'
De Jong: 'Maar wat is er gebeurd? Toch niet weer...?'
Ausma: 'Nee, er is geen derde lijk gevonden.'
De Jong: 'Gelukkig maar...'
Ausma: 'Eddie had vanmorgen koorts. Toch ging hij naar zijn werk. Het viel hem echter zo zwaar dat hij zich in de loop van de ochtend ziek meldde. Uiteraard moest hij toen terug naar de gevangenis, maar dat deed hij niet. Hij ging naar zijn zus en - stom natuurlijk - vergat dat door te geven aan zijn begeleider van de reclassering.'
De Jong: 'Is dat alles?'

Ausma: 'Ja, dat is alles. Eddie heeft zich in de ogen van justitie aan het toezicht van de reclassering onttrokken en dat mag niet en dus is hij zonder pardon en met veel misbaar bij zijn zuster in de boeien geslagen. Hij was uit de gevangenis maar zit er nu weer in.'

De Jong: 'Nog voor hij z'n vrijheid had herwonnen, verloor Eddie 'm dus al weer... Sommige mensen zit het niet mee in het leven.'

Ausma: 'Anderen wel. Want jij won een weddenschap die eigenlijk nog niet eens in was gegaan.'

Hoofdstuk 18: De aangiften en de dreigmails

De man heeft na 28 september 2007 niet stilgezeten. Hij heeft het politiedossier van het onderzoek naar de dreigmails van Selime I. aan Geert Wilders in handen weten te krijgen. Alle E-mails en aangiften zijn door zijn handen gegleden. Hij heeft zich al lezende in toenemende mate verbaasd.

Het begon allemaal op 22 november 2006. Toen nam het Bureau Regionale Recherche in Den Haag de eerste dreigmail-aangifte van Geert Wilders (43) op. De politicus verklaarde die woensdag het volgende tegenover een hoofdagent van politie.

Geert Wilders: 'Op vrijdag 17 november 2006, te 10:31 uur, ben ik bedreigd middels een E-mail bericht dat via de website van mijn politieke partij (www.groepwilders.nl) aan mij is verstuurd.'

Het dreigement luidde: NEEM JE EREPLAATS BIJ SADDAM

De bedreiging verwees naar de doodstraf, die op 5 november 2006 was uitgesproken tegen de voormalige Iraakse president Saddam Hussein.

Diezelfde vrijdag ontving de leider van de Partij voor de Vrijheid nog drie E-mails. Hij deed van elke bedreiging afzonderlijk aangifte.

ONE WAY TICKET TO THE BLUES CREPEER EERST

THERE IS NO OUTWAY FOR YOU HOE LANG LAAT JE JE NOG BEVEILIGEN LAFBEK CREPEER EERST

GENOCIDE IS YOUR GAME,LAFBEK LAAT JE NOG

Van 17 november 2006 tot en met 15 januari 2007 volgden er nog 107 (!) vergelijkbare dreigementen.

PARTIJ VOOR VOLKSMOORD, DE DDOD IS NABIJ, WEES MOEDIG TSUNAMI TREFT WILDERS,BEVEILIGING BAAT NIET

ISLAM IS NOT WRONG YOU ARE THE BAD WRONG WRONGEST AT THE WORL ZIONIST DEAD IS COME TO YOU

JIJ PREEKT RASISTISCHER DAN OMSTREDEN IMAM ZIONIST GALG IS JE EREPLAATS

HET WORDT VOOR JOU TIJDELIJK VOOR EEUWIHEID

Geert Wilders was doodsbang. Twee maanden lang stond hij doodsangsten uit. Zo verklaarde hij tegen de recherche. Volgens de zeventien (!) aangiften vreesde hij dag in dag uit voor zijn leven. De inhoud van de ondertekende processen-verbaal was alle zeventien keer dezelfde. Letterlijk. Heel opmerkelijk.

Geert Wilders: 'Ik voel me door de E-mail berichten ernstig bedreigd. Ik ben bang dat de afzender mij daadwerkelijk van het leven zal beroven dan wel mij zwaar lichamelijk letsel zal toebrengen. Deze E-mail berichten maken deel uit van een grote reeks bedreigingen die ik ten aanzien van mijn persoon ontvang. Dit maakt de dreiging die van deze E-mail berichten uitgaat nog ernstiger voor mij. Deze E-mail berichten alsmede de reeks andere bedreigingen die tegen mij zijn gericht, beïnvloeden zowel mijn persoonlijke leven als mijn werk als lid van de Tweede Kamer in ernstige mate. Ik word door de bedreiging van dit geweld opzettelijk en ernstig gehinderd om mijn werk in de Tweede Kamer uit te voeren. Ik kan hierdoor niet vrij en onbelemmerd mijn plicht ten opzichte van het Nederlandse volk vervullen. Deze hinder en angst komt tot uiting in het feit dat ik mij niet meer vrij op de openbare weg kan bewegen, niet vrij kan wonen hoe ik dat zelf graag zou willen en niet vrij mijn werk kan uitoefenen. Al deze dingen doe ik onder voortdurende bescherming van persoonsbeveiligers.'

Toen Selime I. op 15 januari 2007 op heterdaad werd betrapt en gearresteerd, was Wilders nog altijd springlevend. De rechtbank in Breda, die de Turkse moslima veroordeelde, verwees in haar vonnis naar de verklaringen van de politicus: 'Blijkens de aangiften was Wilders bang dat de verdachte hem daadwerkelijk van het leven zal beroven.'

De man weet genoeg. Hij pakt de telefoon en belt met Ausma. Ze hebben elkaar al vaak over deze 'politiek-gevoelige' zaak gesproken. De nieuwe advocaat van Selime I. vindt dat de impact van het misdrijf door Wilders is overdreven. Het vonnis is volgens *De Blonde* veel te zwaar.

De man: 'Ik wil jou binnenkort wat vragen voorleggen en ga ook Wilders benaderen.'
Ausma: 'Het hoger beroep moet de aandacht krijgen die het verdient.'
De man: 'Ik ga de e-mails van Selime I. en de aangiften van Wilders openbaar maken in het boek.'
Ausma: 'Je gaat je gang maar. Ik zie het wel verschijnen.'

Van: ████@hotmail.com [mailto:████@hotmail.com]
Verzonden: vrijdag 17 november 2006 10:31
Aan: Wilders G. (Privé)
Onderwerp: Bericht van website

Het volgende bericht is ontvangen van computer : ████████
Computer met ip-adres : ████████

Bericht van : ikram ,

Neem je ereplaats bij saddam

Van: ████@hotmail.com [mailto:████@hotmail.com]
Verzonden: woensdag 20 december 2006 16:54
Aan: Wilders G. (Privé)
Onderwerp: Bericht van website

Het volgende bericht is ontvangen van computer : ████████
Computer met ip-adres : ████████

Bericht van : MALCOLMX ,

WILDERS VOOR JOU IS IN DIT LAND GEEN UITWEG ONE WAY TICKET TIJD V(
OFFER

Van: MALCOLMX [mailto:████@hotmail.com]
Verzonden: maandag 15 januari 2007 16:23
Aan: Wilders G. (Privé); ████@████
Onderwerp: Bericht via Loket Parlement

ISLAM IS NOT WRONG BUT YOU ZIONIST JIJ BENT STRIJDT TEGEN ISLAM
AANGEGAAN ZAL NIET ONGEANTWOORDT BLIJVEN EENS IS HET MET JE (
NOCH
AIVD,NOCH BEVEILIGING ZAL BATEN JE BLOED VLOEIT LIKE DONAU .OV
ACCEPTEERT JOU RACISSTISCHE ONAANGENAME UITLATINGEN,WEET JC
TEPAKKEN WIJ WEL WIJ ZULLEN OVERHEID ZIJN TAAK TEN UITVOEREN I
ZOEK JE LEVEN LANG DEKKING LEEF MAAR IN SCHUIL

"ZIONIST DE DOOD IS NABIJ ER IS GEEN UITWEG VOOR JOU ACHTER DE SCHERMEN MOET JE TE VOOERSCHIJN KOMEN ,NIETS ZAL BATEN ZOLANG JIJ NEGATIEVE IMAGO VAN DE MOSLIMS HEBT STEEK JE TIJD IN ANTROPOLOGIE ZIONIST,EREPLAATS BIJ SADDAM HOESSEIN NIET IN POLITIEK."

Ik deel U mede dat ik van hetzelfde e-mail adres, ██████@hotmail.com vanaf het IP adres: ████████ al 9 e-mail berichten heb ontvangen, die bedreigend voor mij zijn. Ik heb hiervan afzonderlijk aangifte gedaan.

Ik voel me door de dit nieuwe e-mail bericht en de 6 eerdere genoemde e-mail berichten ernstig bedreigd. Ik ben bang dat de afzender van genoemde e-mail berichten mij daadwerkelijk van het leven zal beroven dan wel mij zwaar lichamelijk letsel toe zal brengen.

Verder maken deze 10 e-mail berichten deel uit van een grote reeks bedreigingen die ik ten aanzien van mijn persoon ontvang. Dit maakt de dreiging die van dit e-mail bericht uitgaat nog ernstiger voor mij.

Dit e-mail bericht alsmede de reeks andere bedreigingen die tegen mij zijn gericht, beïnvloeden zowel mijn persoonlijke leven als mijn werk als lid van de Tweede Kamer in ernstige mate.
Ik word door de bedreiging van dit geweld opzettelijk en ernstig gehinderd om mijn werk in de Tweede Kamer uit te voeren. Ik kan hierdoor niet vrij en onbelemmerd mijn plicht ten opzichte van het Nederlandse volk vervullen.

Deze hinder en angst komt tot uiting in het feit dat ik mij niet meer vrij op de openbare weg kan bewegen, niet vrij kan wonen hoe ik dat zelf graag zou willen en niet vrij mijn werk kan uitoefenen. Al deze dingen doe ik onder voortdurende bescherming van persoonsbeveiligers.

Ik stel u het e-mail bericht, alsmede de daarbij behorende eigenschappen van de verzender, ter beschikking. Ik heb er geen bezwaar tegen dat u dit e-mail bericht gebruikt voor uw onderzoek.

Ik wens als benadeelde partij in het kader van een eventueel strafproces mijn schade vergoed te krijgen.
Ik wens op de hoogte gehouden te worden van de gang van zaken volgend op de aangifte.

Aan niemand werd toestemming gegeven tot het plegen van het feit

Wilders

(aangever)

na voorlezing en volharding met mij, verbalisant,

"RELIGIEUZE ZUIVERING CULTUREEL ETNISCHE ZUIVERING ,ISLAMISERIN
UIT STANDPUNT HALEN JE STAAT AAN HET HELLE VLAK DOOD IS AAN JE
ONNODIG LATEN BEVEILIGEN NIETS ZAL TEGEN HOUDEN JOU NAAR DE
ANDERE WERELD,ONDEMOCRATISCHE ZIONIST "

Ik deel U mede dat ik van hetzelfde e-mail adres, vele e-mail berichten heb ontvangen, die bedr
voor mij zijn.
Ik heb hiervan afzonderlijk aangifte gedaan.

Ik voel me door de dit nieuwe e-mail bericht en de eerdere genoemde e-mail berichten ernstig
bedreigd. Ik ben bang dat de afzender van genoemde e-mail berichten mij daadwerkelijk van h
zal beroven dan wel mij zwaar lichamelijk letsel toe zal brengen.

Verder maken deze e-mail berichten deel uit van een grote reeks bedreigingen die ik ten aanzi
mijn persoon ontvang. Dit maakt de dreiging die van deze e-mail berichten uitgaat nog ernstige
mij.
Dit e-mail bericht alsmede de reeks andere bedreigingen die tegen mij zijn gericht, beïnvloede
mijn persoonlijke leven als mijn werk als lid van de Tweede Kamer in ernstige mate.
Ik word door de bedreiging van dit geweld opzettelijk en ernstig gehinderd om mijn werk in de
Kamer uit te voeren. Ik kan hierdoor niet vrij en onbelemmerd mijn plicht ten opzichte van het
Nederlandse volk vervullen.

Deze hinder en angst komt tot uiting in het feit dat ik mij niet meer vrij op de openbare weg ka
bewegen, niet vrij kan wonen hoe ik dat zelf graag zou willen en niet vrij mijn werk kan uitoefe
Al deze dingen doe ik onder voortdurende bescherming van persoonsbeveiligers.

Ik stel u het e-mail bericht, alsmede de daarbij behorende eigenschappen van de verzender, t
beschikking. Ik heb er geen bezwaar tegen dat u dit e-mail bericht gebruikt voor uw onderzoe

Ik wens op de hoogte gehouden te worden van de gang van zaken volgend op de aangifte.

Aan niemand werd toestemming gegeven tot het plegen van het feit.

G. Wilders

(aangever)

en na voorlezing en volharding met mij, verbalisant,

Hoofdstuk 19: De verkrachting van Annie (60)

Het gebeurt niet vaak dat je als raadsman tijdens een strafproces de zaak van een confrère overneemt. Maar het overkwam Arjan Syrier, één van de aanstormende talenten van *Maliesingel 2*. Syrier is begin dertig en 'de sportman' van het kantoor. Hardlopen en mountainbiken zijn z'n passies. Het is een bevlogen, keiharde werker met een hoop bravour. Syrier houdt niet van stropdassen, maar wel van sneakers. Hij staat erom bekend dat hij niet altijd even tactvol is.

Op een dag werd Arjan Syrier gebeld vanuit een Penitentiaire Inrichting. De man heette Bertje. 'Ik wil een nieuwe advocaat,' zei hij met een zwaar accent, 'en ik heb begrepen dat jullie goed zijn.'

Tijdens hun eerste ontmoeting in het Huis van Bewaring nam de advocaat zijn kersverse cliënt nauwgezet op. Bertje oogde als een eenvoudige, sympathieke veertiger. Geen gedoe, geen poespas, veel tatoeages. Hij kwam uit een middelgrote plaats in het oosten des lands en was daardoor uitgesproken slecht te verstaan. Zijn lichaam was zichtbaar aangetast door jarenlang excessief drankgebruik. Allesbehalve een sportman, dacht Syrier. Bertje werd verdacht van een ernstig strafbaar feit. Op klaarlichte dag had hij Annie - een vrouw van zestig jaar - op brute wijze mishandeld en verkracht. Volgens politie en justitie.

Annie en Bertje hadden op de bewuste zomerdag met een groot aantal buurtbewoners heel veel alcohol gedronken. Iedereen was bezopen en niemand wist meer precies wat er allemaal was gebeurd. Bertje vertelde tijdens hun eerste bespreking dan ook een onsamenhangend verhaal.

Hij was die dag intiem geweest met de bejaarde Annie. Dat kon Syrier nog wel opmaken uit zijn warrige relaas. Maar hoe 'close' ze waren geweest en of het vrijwillig had plaatsgevonden, bleef volslagen onduidelijk. 'Is het denkbaar dat er sprake is geweest van een gewelddadige verkrachting?' vroeg de advocaat. 'Dat kan ik mij niet herinneren,' antwoordde de verdachte in alle eerlijkheid. Het duo sprak af dat de advocaat de ontvangst van het dossier af zou wachten en dat ze elkaar daarna weer snel zouden zien.

Arjan Syrier piekerde. Het beeld dat hij tijdens hun gesprek van Bertje had gekregen, was moeilijk te rijmen met het misdrijf waarvan hij beschuldigd werd. De feiten en omstandigheden waarop de aanklacht was gebaseerd, bleken uit het dossier dat de fanatieke jurist direct verslond nadat het op kantoor was binnengekomen.

De arme, oude Annie beschreef in haar aangifte hoe ze door Bertje was verkracht. De foto's die na afloop waren gemaakt, spraken voor zich. Op de plaats delikt was een bloedige toestand te zien. Annie had zich klaarblijkelijk hevig verzet. Er stond een afdruk van een mannenschoen in een plas bloed. De buurtbewoners verklaarden dat ze zich rot waren geschrokken toen Annie - geëmotioneerd en gehavend - aan was komen strompelen. Het slachtoffer zag er verschrikkelijk uit. Een luier, die ze droeg vanwege haar incontinentie, hing halverwege haar knieën. Voor iedereen was het duidelijk. Niemand twijfelde. Bertje en Annie waren samen weggegaan en het kon dus niet anders dan dat Bertje de verkrachting op zijn geweten had. Bovendien was onder de nagels van Annie DNA van Bertje aangetroffen. Ook de verdachte geloofde dat hij de bejaarde dame te grazen had genomen. Hij nam in elk geval de volle verantwoordelijkheid voor wat Annie was aangedaan. Maar frappant was dat zijn bekentenissen geen enkel detail gaven. Hij kwam niet verder dan ruiterlijk toe te geven de dader te zijn. Ook opmerkelijk was dat Annie sterk wisselend verklaarde over wat er zich had afgespeeld in haar woning. De drank speelde alle betrokkenen ernstig parten en vertroebelde iedere herinnering. De mist die boven het dossier hing, kende een alcoholpercentage dat voor gewone stervelingen misschien wel dodelijk was geweest, dacht Syrier.

Het meest recente stuk in het dossier betrof het proces-verbaal van de laatste zitting, waarbij Bertje nog was bijgestaan door zijn vorige raadsman. Voor de rechtbank had de verdachte - zo bleek klip en klaar - plotseling een beetje licht in de wazige duisternis gezien. Ineens kon hij zich een deel van het drankgelag - en de intimiteiten die daaruit voort waren gekomen - herinneren. In de woning van Annie was het duo in een soort van voorspel beland, verklaarde Bertje nu. Vervolgens raakte hij buiten kennis. Toen hij wakker werd zag hij overal bloed en vluchtte hij weg. Syrier las het en realiseerde zich onmiddellijk dat hij veel te bespreken had met zijn 'innemende' cliënt. Hij maakte snel een afspraak om voor de tweede keer bij hem langs te gaan in het Huis van Bewaring.

Syrier keek Bertje opnieuw in z'n ogen. Hij zag dezelfde man, maar de situatie was essentieel anders dan tijdens hun eerste ontmoeting. De advocaat hield zijn cliënt de inhoud van het dossier - en met name zijn verklaring ter zitting - voor. 'Je weet volgens mij meer dan je mij de vorige keer vertelde,' zei de advocaat hoopvol. 'Dat klopt,' antwoordde Bertje, 'en intussen kan ik mij nóg veel meer herinneren. Het lijkt wel alsof ik mijn geheugen weer heb teruggevonden.' Syrier ging er eens goed voor zitten. 'Barst maar los,' moedigde hij zijn cliënt aan. Bertje struikelde bijna over zijn eigen woorden. Z'n accent had af en toe weinig meer met de Nederlandse taal te maken. Maar de advocaat begreep de kern van het betoog volledig. Bertje had het helemaal niet gedaan. De verkrachting had wel plaatsgevonden, maar het was zijn broer Harrie geweest die Annie had gepakt.

Harrie had ook deel uitgemaakt van het zomerse zuipfestijn. Dat klopte, wist de raadsman, hij was ook uitgebreid ondervraagd door de recherche. Maar tijdens deze verhoren had zijn broer verzwegen, volgens Bertje, dat hij ook in de woning van Annie was geweest. Of Harrie was het door de drank vergeten, dat kon natuurlijk ook. Bertje kon zich herinneren dat hij de stem van zijn broer had gehoord tijdens 'het voorspel' met Annie. Bovendien had Harrie zich eerder schuldig gemaakt aan een verkrachting, wist Bertje.

Arjan Syrier veerde overeind. Hij had in het dossier gelezen dat tijdens de laatste zitting de voorzitter van de rechtbank had opgemerkt dat naast het DNA van Bertje ook erfelijk materiaal van een andere persoon onder de nagels van het slachtoffer was aangetroffen. Bovendien had er een schaamhaar in de luier van Annie gezeten, die niet van Annie en ook niet van Bertje was. De genetische eigenaar van de schaamhaar leek dezelfde te zijn als de leverancier van het DNA in het nagelvuil van het slachtoffer. Volgens het NFI zou dit DNA afkomstig moeten zijn van een familielid van Bertje. De officier van justitie had het niet nodig gevonden om hier verder onderzoek naar te laten verrichten. Volgens de aanklager had hij de zaak tegen de huidige verdachte rond. De vorige advocaat van Bertje had het ook niet nodig gevonden om dit mogelijk cruciale onderzoek af te dwingen. Gelukkig voor Bertje had de rechtbank het anders gezien. Ambtshalve verzocht zij de rechter-commissaris om de opmerkelijke sporen aan een onderzoek te onderwerpen.

Harrie had bij de politie gezegd dat hij Annie op de bewuste dag pas ná de verkrachting had gezien. 'Ik dacht toen meteen aan Bertje,' verklaarde hij. Daarop zou hij met een buurjongen naar de woning van Annie zijn gegaan, waar hij Bertje aan zou hebben getroffen op het moment dat hij net zijn broek stond aan te trekken. De buurjongen had bij de politie echter een ander verhaal verteld. Harrie had net als Annie en Bertje de hele dag deel uitgemaakt van het drinkende gezelschap. Nadat Annie en Bertje waren vertrokken, waren Harrie en hij poolshoogte gaan nemen in het huisje van de bejaarde vrouw. Daar was niets aan de hand, aldus de buurjongen. Bertje en Annie zaten rustig bier te drinken. De buurjongen was vertrokken. Harrie was gebleven.

Bij de rechter-commissaris bleef Harrie in eerste instantie bij zijn eerdere verklaring. Geconfronteerd met het verhaal van de buurjongen gaf hij toe dat hij zich vergist moest hebben. Wat de buurjongen zei, was juist. Zijn schaamhaar was waarschijnlijk bij een toiletbezoek van Annie in haar luier beland, redeneerde hij. Bovendien had Annie de hele dag aan hem zitten hangen. Dat verklaarde volgens de broer van Bertje zijn DNA-materiaal in haar nagelvuil. Het verhoor leverde niets op.

Het proces werd hervat. De verdediging zette de aanval in. Harrie was het doelwit. Op verzoek van Syrier werd door de rechter-commissaris nog een aantal andere getuigen gehoord. Waaronder Annie. Hieruit kwam naar voren dat er op de bewuste dag überhaupt geen lichamelijk contact was geweest tussen Harrie en Annie. Volgens enkelen was de bejaarde vrouw doodsbang voor Harrie. Opmerkelijk genoeg verklaarde Annie zelf dat ze wel eens seks met hem had gehad. 'Dit zal hij wel ontkennen, maar toch is het zo,' zei ze.

De zaak stond er inmiddels een stuk beter voor. Maar was er voldoende twijfel gezaaid? Dat was maar de vraag. Annie bleef er bij dat Bertje de dader was. Daarnaast had hij een bekennende verklaringen afgelegd. Het bij Annie aangetroffen DNA van Bertje maakte de puzzel mogelijk compleet voor de rechtbank. Het was voldoende bewijs voor een veroordeling. De aanwijzingen in de richting van Harrie waren helaas vaag gebleven. De officier van justitie eiste aan het eind van de laatste zittingsdag dan ook vier jaar gevangenisstraf tegen Bertje.

Bertje was er echter van overtuigd geraakt dat hij zou worden vrijgesproken. Hij verliet na het pleidooi van zijn advocaat optimistisch de rechtszaal. De verdachte werd teruggebracht naar het Huis van Bewaring. Hij had er inmiddels elf maanden voorarrest op zitten, dus die laatste twee weken konden er nog wel bij. Dan zou hij vrijkomen. Dat wist hij zeker. Bertje kreeg echter geen gelijk.

Want het duurde geen twee weken meer. Diezelfde dag nog wees de rechtbank vervroegd vonnis. Syrier werd onderweg naar *Maliesingel 2* al in de auto gebeld. Bertje werd onmiddellijk op vrije voeten gesteld. De bekentenis was van geen betekenis - volgens de rechters - en verder ontbrak ook ieder bewijs. Geen enkel spoor verwees naar hem. Zoals de schoenafdruk in de plas bloed en de schaamhaar in de luier.

Harrie is - voor zover bekend - nooit vervolgd.

Hoofdstuk 20: Jezus

'Hallo! Is er iemand helemaal gek geworden?!?!' Woedend komt De Jong de kluiskamer uit, waar hij met een belangrijke cliënt in volledige stilte vertrouwelijk dacht te kunnen praten. 'Wat is er in godsnaam aan de hand? Waar komt die herrie vandaan? En waarom zo vroeg?' Het is inderdaad nog maar kwart over negen. Iedereen op de benedenverdieping heeft het luidruchtige gebonk gehoord, maar niemand weet waar het vandaan komt. Het lijkt niet van buiten maar van de bovenverdieping te komen. Eén van de secretaresses staat op en loopt naar de trap: 'Ik ga wel even kijken. Het is nu stil. Ga jij maar weer terug naar je gesprek, Onno, wij zorgen wel dat het niet meer gebeurt.' Maar De Jong heeft zich nog niet omgedraaid of het lawaai is er al weer. Nog harder dan zojuist. De advocaat schudt zijn hoofd - niet begrijpend - maar gaat toch terug naar de man met wie hij in een complexe discussie verwikkeld is. De kluiskamer houdt kennelijk niet elk geluid tegen.

De secretaresse rent naar boven. Nog steeds weerklinken de dreunen. Op de eerste etage staan enkele andere collega's op de gang. Met een kopje koffie of glas thee in de hand. Iedereen kijkt in de richting van de werkkamer van Ausma, want daar komt de herrie vandaan. De secretaresse bedenkt zich niet en stapt de kamer binnen. Zonder kloppen. Ze was toch niet boven het oorverdovende lawaai uitgekomen. Ausma staat op een stapel dozen en kijkt haar verrast aan.
Ausma: 'Wat doe jij hier?'
De secretaresse: 'Ik kom vragen wat u hier aan het doen bent.'
Ausma: 'Hoezo?'
De secretaresse: 'Iedereen heeft er last van. Onno kwam er zelfs de kluiskamer voor uit.'
Ausma: 'Wat een onzin, zeg, ik ben alleen maar even een tegel-

tje aan de wand aan het spijkeren. Nog een paar klappen, dan hangt-ie op de juiste plaats. De eerste plek die ik had bedacht, beviel me niet. Hier moet de spreuk hangen, recht tegenover m'n bureau, hier en nergens anders.'

De secretaresse ziet nu dat hij een hamer in zijn hand heeft. Ook constateert ze een behoorlijk gat in de muur achter de advocaat. Gelukkig heeft hij meer verstand van verzekeren, denkt ze glimlachend.

Ausma: 'Ik heb er lang over nagedacht wat ik hier aan de wand wilde hebben, maar vanmorgen wist ik het ineens. Ik had 'm al jaren thuis aan de muur, maar voortaan hangt hij hier. De allermooiste tekst die Jezus ooit heeft uitgesproken.'

Hij geeft met een opmerkelijke verbetenheid nog een paar ferme klappen op een forse spijker die daarbij vrijwel geheel in de wand verdwijnt. Daarna stapt *De Blonde* van de dozen af en bukt hij zich naast zijn stoel. Uit een leren aktentas pakt hij een stenen tegel en toont deze trots aan de secretaresse. Wie van u zonder zonde is werpe de eerste steen, leest ze.

Ausma: 'Mooi he?'

De secretaresse: 'Ik wist niet dat u zo gelovig was.'

Ausma: 'Ben ik ook niet.'

De advocaat klimt nog een keer terug op de dozen en hangt de spreuk met veel gevoel op z'n plaats. Hij kijkt er naar. Hij zwijgt nu. Hij is in trance. De aanwezigheid van de secretaresse lijkt hij al weer te zijn vergeten. Ze vindt het niet erg en glipt de deur uit, de gang op, naar beneden.

Het is lunchtijd. De Jong vraagt wat er 's morgens aan de hand was. Ausma legt uit dat hij een tegel met een bijbeltekst van Jezus in zijn werkkamer aan de muur heeft gehangen.

Ausma: 'Jezus Christus is mijn idool.'

De Jong: 'Dat behoeft enige uitleg.'

Ausma: 'Ik heb een enorme waardering voor zijn wijsheid en zijn gevoel voor rechtvaardigheid. Bovendien is hij al twee duizend jaar dood en toch kent nog altijd bijna iedereen zijn naam. Dat zie ik bij Keith Richards en Muhammad Ali niet gebeuren...'

De Jong: 'Als je toen had geleefd, had je zijn advocaat kunnen zijn.'

Ausma: 'Inderdaad. Hij werd na een schijnproces veroordeeld tot de doodstraf. Ik had hem graag verdedigd!'

Maanicus: 'Ik kan me voorstellen dat Jezus privé veel voor je betekent, maar wat heeft hij te maken met jouw werk als advocaat?'

Ausma: 'Jezus was een topadvocaat geweest, daar ben ik van overtuigd. Hij leefde en werkte vanuit een groot respekt voor mensen aan de zelfkant van de samenleving. Dat is één. Hij wist met zijn toespraken grote groepen mensen te boeien. Met name door zijn gelijkenissen wist hij lastige zaken helder uit te leggen. Dat is twee. Verder was hij messcherp in debatten en wist hij z'n tegenstanders soms met één woord de mond te snoeren. Zonder te schelden of te kwetsen. Dat is drie. Jezus zou absoluut een geweldige strafpleiter zijn geweest.'

Zilver: 'Welke spreuk staat er eigenlijk op de tegel?'

De secretaresse: 'Wie zonder zonde is, werpe de eerste steen.'

Ausma: 'Een vrouw was vreemdgegaan en moest toen op grond van de wet gestenigd worden. Jezus Christus nam het voor haar op.'

Syrier: 'Mooie gedachte. Goeie zaak.'

Ausma: 'Het is één van mijn lievelingsteksten. Het is een aanklacht tegen mensen die wetten voorschrijven maar zichzelf ook niet altijd aan de regels houden. Mensen met boter op hun hoofd. Hypocrisie. Dat kom je vaak tegen in het strafrecht.'

De Jong: 'Als hij in de 21 ste eeuw had geleefd, was Jezus wat mij betreft van harte welkom geweest bij *Maliesingel 2*.'

Hoofdstuk 21: De moord in het Vroesenpark

Het is nog vroeg in de ochtend als De Jong via het secretariaat een telefoontje krijgt doorverbonden vanuit het Huis van Bewaring. Het is ene Mehmet. De hem onbekende Turkse man vertelt dat hij onlangs door de rechtbank in Rotterdam is veroordeeld tot een gevangenisstraf van twaalf jaar. Het betreft een moordzaak. 'Maar,' voegt hij er direkt aan toe, 'ik heb het niet gedaan.' De Jong glimlacht. Dat heeft hij vaker gehoord.

De beller klinkt serieus. Hij praat rustig - niet schreeuwerig of op een onaangename manier dwingend - en vraagt de advocaat vriendelijk of hij hem kan helpen. De Jong heeft een wedervraag: 'Ben je al officieel via je huidige raadsman in hoger beroep gegaan?' Dat is inderdaad het geval. 'Als je wilt dat ik jouw zaak overneem,' vervolgt de advocaat, 'dan moet je mij een briefje schrijven.' De zinnen komen automatisch naar boven; hij heeft gesprekken als deze al zo vaak gevoerd. 'Ik wil je dossier met alle plezier gaan onderzoeken,' zegt hij tot besluit, 'maar ik pak geen cliënten van collega's af, zo zit ik niet in elkaar.' Mehmet lacht bijna onhoorbaar. 'Maakt u zich geen zorgen, we doen het netjes. Ik heb u gisteren al een brief geschreven. Als het goed is, ligt deze vanmorgen in uw brievenbus.' De advocaat grijnst nu tevreden; hij houdt van doortastende mensen. Hij vindt het een belangrijke eigenschap en het versterkt zijn voorgevoel dat dit wel eens een interessante zaak zou kunnen zijn. 'Zodra ik het dossier in m'n bezit heb, zal ik het nauwkeurig bestuderen. Ik kom daarna zo spoedig mogelijk bij je op bezoek om de mogelijkheden - en de onmogelijkheden - met je te bespreken.'

De Kale trekt zijn colbertje recht en loopt vrolijk de trap af naar beneden. Onderweg kijkt hij in de spiegel en ziet een mooi pak en een brede glimlach. Het belooft een prachtige dag te worden. In de kantine in het souterrain haalt hij een kopje koffie. Hij hoort hoe één van de secretaresses de brievenbus leegt en de post begint te sorteren. 'Er is een brief voor u,' roept ze in zijn richting. 'Weet ik,' zegt hij. 'Stuur de huidige advocaat van de afzender maar een briefje met het verzoek om het complete strafdossier onmiddellijk op te sturen naar *Maliesingel 2*. Daar zal de goede man van balen, maar ik word er vrolijk van.' De secretaresse kijkt hem verbaasd aan. Is haar baas plotseling helderziende geworden? Een uur later belt de broer van Memeth naar kantoor. De hele familie weet kennelijk van aanpakken. Hij heeft zojuist hoogstpersoonlijk met de inmiddels ex-advocaat van Mehmet gebeld en meegedeeld dat hij het dossier straks op komt halen. Hij zal het vandaag nog bij De Jong af komen leveren. 'En, o ja,' besluit de beller, 'de betreffende advocaat vroeg nogal zuur of *Maliesingel 2* zo vriendelijk zou willen zijn om door middel van een briefje te bevestigen dat ze de zaak inderdaad overnemen.' 's Middags staat de broer met een doos vol ordners op de stoep. De Jong popelt en trekt zich onmiddellijk terug op zijn kamer. Hij bladert geroutineerd door het dossier heen en leest enkele processen-verbaal extra aandachtig. Je mag het nooit hardop zeggen, denkt hij stilletjes, maar een moordzaak is toch altijd weer smullen geblazen. En deze case zou wel eens heel erg lekker kunnen zijn. De Jong leest verder.

In september 2001 werd aan de rand van het Vroesenpark in Rotterdam een man doodgeschoten. Het gebeurde op klaarlichte dag, door een groepje mannen, onder het toeziend oog van een groot aantal passanten. Het slachtoffer heette S. Volgens de meeste ooggetuigen was hij aan het joggen toen plotseling drie of vier mannen opdoken. Eén van hen maakte met meerdere kogels een einde aan het leven van de doodsbange S, die nog probeerde weg te sprinten. Maar tevergeefs.

Al vrij snel kreeg de recherche informatie binnen van de Criminele Inlichtingen Eenheid, de zogenaamde 'geheime politie'. Volgens een anonieme bron zou één van de daders een zekere M zijn, een man uit Rotterdam-Zuid. Deze M zou kort voor de moord ruzie hebben gehad met S. Het conflict ging over heroine. S zou M daarbij zwaar hebben mishandeld en zelfs hebben ontvoerd. Maar M was ontsnapt. De politie ontdekte dat deze anonieme tip naadloos aansloot bij een aangifte die twee personen kort daarvoor hadden gedaan. Die melding betrof een zeer vergelijkbare, even gewelddadige kidnap. De ene aangever was M. De M van de drugsruzie. De andere man was Mehmet. De Mehmet van - sinds vandaag - *Maliesingel 2*. De recherche was blij met de CIE-informatie en de aangifte. Ze kregen twee verdachten in de schoot geworpen. Inclusief een motief: wraak! M werd aangehouden, maar zweeg in alle toonaarden. De politie liet hem al snel weer vrij.

Vreemd, denkt De Jong. Zijn rechterhand glijdt over zijn hoofd. Iedereen die hem goed kent, weet dat dit een teken van onrust is. Met een potlood maakt hij een aantekening. Waarnemingen getuigen!!!

Pas in 2004 werd Mehmet gearresteerd. De Turk had drie jaar lang in Turkije gezeten. Volgens de politie was hij er - vanwege de moord in het Vroesenpark - naar toe gevlucht. Al die tijd stond hij 'internationaal gesignaleerd' maar bleef hij onvindbaar. Totdat hij in maart 2004 werd aangehouden op het vliegveld Zaventem bij Brussel. De Nederlandse autoriteiten vroegen direkt om zijn uitlevering. Zonder de verdachte te hebben ondervraagd, werd Mehmet aan ons land overgedragen. Tijdens zijn allereerste verhoor bekende de Turkse man tegenover de recherche de moord in het Vroesenpark. Tijdens een tweede ondervraging trok hij deze bekentenis echter weer in.

De Jong maakt opnieuw een notitie. Bekentenis??? Waarom???

De bekentenis was uiteindelijk voor de rechtbank van doorslaggevende betekenis. De veroordeling van Mehmet werd er vrijwel volledig op gebaseerd. De rechters vonden steun bij twee ooggetuigen: een marechaussee die met zijn auto bij een vlakbij gelegen tankstation stond en meende te hebben gezien dat een ogenschijnlijk zeer geoefend schutter het slachtoffer doodschoot en een gewone burger die een vergelijkbare scène had waargenomen.

Dat is erg mager, constateert De Jong. Hij wrijft opnieuw met zijn hand over zijn hoofd. Het dossier biedt veel aanknopingspunten voor hernieuwd onderzoek en een stevig verweer.

Enkele dagen later gaat *De Kale* in het Huis van Bewaring op bezoek bij zijn nieuwe cliënt. Mehmet zit er helemaal doorheen. Hij is kapot van ellende. Of een uitstekend acteur, denkt De Jong. Hij knapt in elk geval zienderogen op als de advocaat hem vertelt dat hij wel brood ziet in zijn zaak.
Mehmet: 'Heb ik een kans dat ik word vrijgesproken?'
De Jong: 'Wie weet. Ik kan niks beloven, maar ik ga mijn uiterste best voor je doen. Dat kan ik wel beloven.'

De advocaat en de verdachte leren elkaar in snel tempo goed kennen tijdens de voorbereidingen op het hoger beroep. Vage praatjes zijn uit den boze. Ze maken heldere afspraken. De Jong krijgt steeds meer het gevoel dat Mehmet inderdaad niets met de keiharde liquidatie - naar aanleiding van een levensgevaarlijke drugsdeal - te maken heeft. 'Maar daar heb jij weinig aan,' legt hij zijn cliënt uit, 'we zullen de raadsheren van het gerechtshof ervan moeten overtuigen.'

Opvallend in het dossier is het grote aantal mensen dat de moordenaar van S met eigen ogen zegt te hebben gezien. Maar hebben ze de man wel écht gezien? En zo ja, hoe goed hebben zij onthouden hoe hij er precies uit zag? Hoe betrouwbaar is hun informatie? De omschrijvingen die ze van de dader geven, komen in elk geval bepaald niet overeen. Sterker nog, de signalementen wijken enorm van elkaar af. De Jong noteert de volgende variaties:

Een grote lange man.
Een kale man.
Een man met blond haar.
Een man met zwart kort krullend haar.
Een man met halflang zwart haar.
Een man met een dik postuur.
Een man met een mager postuur.
Een oude man met een sikje.
Een man met blauw haar.

Met name de laatste omschrijving is natuurlijk lachwekkend. De Jong ziet het met lede ogen aan. Waarom hebben er bij de recherche geen confrontaties plaatsgevonden tussen deze getuigen en Mehmet om vast te kunnen vaststellen of men hém herkent? Dat is toch wel het minste dat je mag verwachten in een onderzoek naar zo'n ernstig misdrijf?

Uit het dossier blijkt dat bij de rechtbank ook geen van de procespartijen - noch de raadsman, noch de aanklager, noch de rechters - het noodzakelijk vond om de waarnemingen van de ooggetuigen te toetsen. Onbegrijpelijk, vindt De Jong. De raadsman weet wat hem bij het gerechtshof te doen staat.

Het grootste probleem vormt nog altijd de bekentenis van Mehmet, die hij aflegde tijdens zijn allereerste verhoor. Deze zou volgens justitie daderkennis bevatten: informatie die alleen de pleger van het misdrijf kan weten. Vanaf zijn eerste ontmoeting met de verdachte blijft De Jong hem doorzagen over de vraag waarom Mehmet deze 'fatale' verklaring in vredesnaam heeft op laten tekenen door de recherche. Beetje bij beetje wordt het de advocaat daarbij duidelijk dat Mehmet zijn kaken simpelweg niet op elkaar kón houden. Dat had alles te maken met een ontmoeting die hij de avond na de moord in een café heeft gehad met niemand minder dan de man die S daadwerkelijk heeft doodgeschoten in het Vroesenpark. De échte moordenaar van S. De schutter had hem precies uit de doeken gedaan hoe een en ander was verlopen. Deze wetenschap had hem tijdens het verhoor in de problemen gebracht. Hij vertelde de rechercheurs indertijd wel over de ontmoeting maar wilde hen verder geen opening van zaken geven. Hij weigerde de naam van de moordenaar te noemen, omdat hij doodsbang voor hem was. Als hij door zou slaan, zou hem dat zelf de kop kosten. Hij had de verbalisanten er ten overvloede - dacht hij - nog op gewezen dat hij immers betrokken was bij de drugsruzie, die aan het misdrijf vooraf was gegaan. Hij was zelf ontvoerd en mishandeld door S! Snapt u nu waarom ik nog steeds angst heb, had hij de rechercheurs voorgehouden. Begrijpt u nu waarom ik na al die jaren nog steeds verder niets kan zeggen? Is het nu duidelijk dat ik de daderkennis niet uit eigen wetenschap maar van de echte

dader heb? Maar het verhoorkoppel luisterde niet naar zijn uitleg. Ze besloten de ondervraging met de mededeling dat 'ze nu
alles wisten en dat het duidelijk was dat hij het had gedaan.'
Mehmet beaamde dit toen maar en herhaalde de in zijn mond
gelegde woorden nogmaals. Hij had het naïeve vertrouwen dat
ze tijdens het verdere onderzoek toch wel bij de echte schutter
terecht zouden komen. Maar dat gebeurde niet, integendeel, zijn
aanwijzingen richting de ware toedracht van het misdrijf werden
opgevat als een regelrechte bekentenis.

De Jong is bereid zijn cliënt te geloven en waarom niet? Het is
een plausibel verhaal. De angst van Mehmet voor repressailles
van de moordenaar is volkomen begrijpelijk. Verder constateert
de advocaat dat de vermeende bekentenis op geen enkele punt
overeenkomt met de verklaringen van de belangrijkste getuigen.
Wie spreekt in dit dossier de waarheid? De advocaat ruikt een
kans. De behandeling van het hoger beroep kan wat hem betreft
beginnen!

Allereerst laat De Jong door het gerechtshof de twee ooggetuigen oproepen, die door de rechtbank zijn geloofd. Hun verklaringen vormden mede de basis voor de eerdere veroordeling van
Mehmet. Maar bij het hof herkennen ze Mehmet niet als de
man die ze hebben zien schieten. Hun getuigenissen kunnen in
de prullenbak. Het eerste succesje is binnen. De strijd tussen de
strafpleiter en het openbaar ministerie wordt feller. Het staat 1-0
voor *Maliesingel 2*. 'Maar dat is niet meer dan een tussenstand,'
houdt De Jong zijn cliënt voor, 'je mag nooit te vroeg juichen.'

De meeste andere getuigen, die ook op verzoek van de raadsman
worden opgeroepen, verschijnen niet. Ze zijn eenvoudigweg niet
meer te vinden. Een paar worden er nog wel getraceerd, maar zij
kunnen weinig aan hun eerdere - onbetrouwbare - ooggetuige-
verslag toevoegen. 2-0 voor *Maliesingel 2*.

De procedure duurt op een bepaald moment al zo veel maanden - en Mehmet zit inmiddels al anderhalf jaar in voorarrest
- dat De Jong besluit om zijn tanden nu écht te laten zien. Hij

zegt tijdens de zoveelste proforma-zitting dat het nu wel mooi is geweest. Hij vindt dat het allemaal lang genoeg heeft geduurd. Het hof moet tot een afronding komen, vindt hij. Het is niet anders maar er moet maar op basis van het bestaande, rammelende recherche-onderzoek een uitspraak worden gedaan. Zijn cliënt heeft inmiddels lang genoeg vastgezeten. De raadsheren beraden zich en komen met een opmerkelijke tussenbeslissing. Zij willen dat het onderzoek wordt heropend! Justitie moet de politie weer aan het werk zetten en nu moeten ze wél goed hun werk doen. De moord en de mogelijke betrokkenheid van de verdachte dienen alsnog tot op de bodem te worden uitgezocht. Bovendien wordt de voorlopige hechtenis van Memeth intussen geschorst. Hij komt per direkt op vrije voeten. 3-0 en 4-0 voor *Maliesingel 2*. De aanklager heeft een probleem. Het leven van een strafpleiter is soms een feestje.

Opnieuw verstrijken er maanden; ieder kwartaal vindt er een zitting plaats. Het zijn telkens korte bijeenkomsten, want justitie heeft nooit iets te melden omdat de politie konsekwent geen enkele vooruitgang boekt.

Als de volgende proforma zich aandient legt De Jong de situatie aan Ausma voor tijdens hun traditionele ochtendbespreking in *Maliesingel 2*. Hij vindt dat hij in de zaak van Mehmet nu alle registers open moet trekken en vraagt z'n compagnon om zijn mening. 'Helemaal mee eens,' zegt Ausma, 'het is nu mooi geweest. Als er opnieuw geen vorderingen zijn gemaakt, zou ik van de raadsheren eisen dat ze keihard ingrijpen.' En zo gebeurt het. Justitie staat tijdens de zitting weer me de mond vol tanden. Met het schaamrood op de kaken. De politie is geen steek verder gekomen. Ze geven er gewoon geen prioriteit aan. De Jong weet genoeg. Hij kookt van woede als hij het woord krijgt: 'Is dit Nederland? Is dit een rechtstaat? Is dit hoe wij met z'n allen willen dat het strafrecht wordt uitgevoerd? Wat een gotspe. Justitie gelast de politie een onderzoek uit te voeren omdat een burger mogelijk volkomen ten onrechte tot twaalf jaar gevangenisstraf is veroordeeld. En wat doet diezelfde politie? Niets! Helemaal niets! Dat kán toch niet? Dat mág toch niet? Laat ik het zo zeggen: ik vind het lamlendig, misselijkmakend en op geen enkele manier goed te praten. Ik vraag u, geacht rechtscollege, om zo spoedig mogelijk een einde te maken aan deze walgelijke gang van zaken door nu uitspraak te doen. Het moge duidelijk zijn dat ik vind dat mijn cliënt moet worden vrijgesproken. Het liefst vandaag nog!'

Het Hof geeft hem gelijk. Het is einde verhaal. De raadsheren besluiten de behandeling van het hoger beroep te beëindigen. Na het requisitoir van de advocaat-generaal en het pleidooi van *De Kale* volgt een prachtige uitspraak voor Mehmet. Hij wordt vrijgesproken. De eindstand is 5-0 voor *Maliesingel 2*. De Jong schudt zijn cliënt de hand.

Mehmet: 'Bedankt!'

De Jong: 'Geen dank. Het ga je goed. Pas voortaan op met wie je omgaat. En mocht je nog eens in de problemen komen: Eerst mij bellen voor je met de politie praat.'

Hoofdstuk 22: Het laatste hoofdstuk

Op 25 oktober 2007 stuurt de man een aantal concrete vragen naar Ausma. Per E-mail. Het zijn drukke tijden bij *Maliesingel 2* en voor een gewoon interview is daarom dezer dagen geen gaatje in de agenda meer te vinden, aldus de secretaresse. De man wil met het oog op zijn boek officieel van Ausma weten hoe hij tegen de zaak Wilders/Selime I. aankijkt. Op de antwoorden hoeft hij - zoals te doen gebruikelijk bij *De Blonde* - niet lang te wachten.

De man: 'Heeft uw cliënte de heer Wilders daadwerkelijk met de dood bedreigd?'
Ausma: 'Nee, ze heeft hem slechts een aantal mails gestuurd omdat ze al heel lang op zoek is naar een baan en vindt dat de heer Wilders de positie voor allochtonen er niet beter op maakt.'
De man: 'Wat vindt u van de inhoud van de dreigmails?'
Ausma: 'Eén van de psychiaters die haar heeft onderzocht, constateert terecht dat er sprake is van een gebrekkige taal-beheersing waardoor zij zich onbedoeld harder heeft uitgelaten. De Turkse taal komt strijdvaardig over. Het taalgebruik van Turkse mensen is ook vaak strijdvaardig, maar dat wil niet zeggen dat ze een strijd aangaan.'
De man: 'Wilders wordt in de aangiften een ambtelijke politietaal in de mond gelegd die we niet van hem kennen. Hoe verklaart u dat?'
Ausma: 'Ik vraag me af of Wilders de mails daadwerkelijk heeft gelezen. Het lijkt mij bijna onmogelijk om naast alle kamerstukken ook nog alle E-mails die binnen komen te lezen. Ik neem aan dat hij vaker dergelijke E-mails ontvangt.'
De man: 'Kunt u het recherche-onderzoek typeren?'
Ausma: 'Het is erg overtrokken. Het kijken op internet naar een

vuurwapen wil nog niet zeggen dat iemand serieus van plan is een moord te plegen. Daar is mijn cliënte de persoon ook helemaal niet naar.'

De man: 'De rechtbank heeft Selime I. veroordeeld wegens belaging, oftewel stalking. Dat is gezien de enorme hoeveelheid mailtjes begrijpelijk, vindt u niet?'

Ausma: 'De veroordeling an sich is te begrijpen, de zwaarte van de straf niet. Er moet niet bij twijfel maar lukraak een TBS worden opgelegd en al helemaal niet voor relatief lichte vergrijpen. Ik zie steeds vaker dat rechters TBS opleggen als ze het niet zeker weten. In plaats van minimumstraffen waar een aantal populistische politici om roept, moet juist de zwaarte van het delikt voor het opleggen van TBS worden aangepast, zodat alleen bij ernstige vergrijpen als moord, doodslag en zaken waarbij extreem geweld is gebruikt een TBS kan worden opgelegd. Ik vraag me af of Wilders weet wat een behandeling in een TBS-kliniek de maatschappij per dag kost.'

Op 25 oktober 2007 stuurt de man ook een E-mail naar Geert Wilders. De bedreigde politicus heeft recht op een weerwoord. De man stelt zich voor. Hij zegt niet dat het om een boek gaat. Vrijwel onmiddellijk na het verzenden van het bericht volgt een ontvangstbevestiging. Daarna wordt het drie weken stil. Maar op 16 november 2007 ontvangt hij een bericht van Tosca van Noppen, voorlichtster van de Tweede Kamerfractie van de Partij voor de Vrijheid.

Tosca van Noppen: 'Allereerst onze excuses voor de late reactie onzerzijds. In antwoord op uw E-mail van 25 oktober jl. deel ik u hierbij mede dat de heer Wilders helaas niet aan uw artikel mee zal werken.'

Het boek *Maliesingel 2* is nu klaar. Maar voor het manuscript naar de drukker kan, moet het eerst nog - ter goedkeuring - worden gelezen door Ausma en De Jong. De man mailt het document van circa 32.000 woorden naar *Maliesingel 2*. Hij is benieuwd wat de strafpleiters er van vinden.

De volgende dag belt Ausma al. Hij is erg enthousiast. De teksten vindt hij uitstekend. Zegt hij kalm. Maar er is ook een probleem. Een groot probleem. Zegt hij minder vriendelijk.

Ausma: 'Die illustraties aan het eind van hoofdstuk 18! Dat kan toch niet!'
De man: 'Hoezo niet?'
Ausma: 'Dat zijn kopieën van dreigmails. Dat mag niet. Dat weet je best. Ik mag volgens de nieuwe richtlijnen van de Nederlandse Orde van Advocaten geen dossierstukken aan journalisten verstrekken. Eruit citeren is tot daar aan toe. Maar originele documenten afdrukken is uit den boze. Daaruit blijkt toch dat je ze in bezit hebt? Dat je ze hebt gekregen? Ik dacht dat je te vertrouwen was.'
De man: 'Ik dacht dat we hadden afgesproken dat ik in vrijheid mocht werken.'
Ausma: 'Dat mocht je ook.'
De man: 'Dat heb ik ook gedaan. Wie zegt dat ik de dreigmails van jou heb gekregen?'
Ausma: '...'
De man: 'Nou?'
Ausma: 'Ja, nu je het zegt, ik kan me inderdaad niet herinneren dat ik ze heb gegeven.'
De man: 'Er zijn ook andere bronnen mogelijk.'
Ausma: 'Bronnen die je zult beschermen, neem ik aan.'
De man: 'Ik heb mijn bron beloofd dat ik over de herkomst van de mails en de aangiften zal zwijgen. Hoe dan ook. Zelfs als er wordt gedreigd met gijzeling.'
Ausma: 'Oké. Dan is er niets aan de hand en kan het boek wat ons betreft naar de drukker'.

Het is een plechtig moment. Dat realiseren de man en de advocaat zich allebei. De klus is geklaard. Het boek is geschreven.
Utrecht is een fenomeen rijker: *Maliesingel 2.*

Maliesingel 2 is het nieuwe kantoorgebouw in Utrecht van: Ausma De Jong Advocaten

Mailiesingel 2 is op 14 december 2007 officieel in gebruik genomen.

Maliesingel 2 is 24 uur per dag bereikbaar via 06-222 01 221 of via de speciale gratis strafrechtlijn 0800-VRYSPRAAK (0800-87 97 772).

Maliesingel 2 is gespecialiseerd in strafzaken - waaronder ook ontnemingen, cassatiezaken en uitleveringen - maar u kunt er ook voor problemen op het gebied van civielrecht, familierecht, arbeidsrecht, verblijfsrecht en huurrecht terecht.

Postadres: Postbus 14129, 3508 SE Utrecht
Bezoekadres: Maliesingel 2, 3581 BA Utrecht
Telefoon: 030-60 51 550
Fax: 030-60 51 551
E-mail: info@ausmadejong.nl